한국어 쓰기 내용 지식의 구성 원리와 실제

한국어 쓰기 내용 지식의 구성 원리와 실제

전미화

역락

머리말

한국어 교육학 연구에 입문하면서 필자가 관심을 가졌던 영역은 쓰기 교육이었다. 필자 자신의 학습 경험과 교육 경험을 돌이켜 봤을 때, 학습자 입장이든 아니면 교수자의 입장이든 가장 어려웠던 영역은 쓰기였기 때문이다. 쓰기 교육 이론에 대한 체계적인 공부와 연구를 통해 교육 현장에서 나타나는 문제를 해결해보고자 했던 것이 이 책을 쓰게 된 계기가 되었다.

한국어 쓰기 교육에 관한 연구는 네 기능 중에서 가장 많은 비중을 차지한다. 이러한 성과들은 쓰기 교육 연구의 발전에 밑거름이 되며, 교사들은 이를 통해 실제 교육에서 활용할 수 있는 다양한 교육 내용과 방법들을 쉽게 접촉할 수 있다. 그럼에도 불구하고 주변의 한국어 학습자나 교사들로부터 작문을 쓰거나 쓰기를 지도하는 일이 정말 어렵다는 이야기를 심심찮게 듣곤 했다. 그 문제의 원인이 어디에 있는지를 쓰기 교육 관련 연구와 교육 현장을 통해 분석해보면서 기존의 교육 방식과 다른 돌파구를 찾던 중, 필자는 쓰기를 할 때 필요한 쓰기 지식을 접하게 되었고 그 중의 한 요소인 내용 지식에 관심을 가지기 시작했다. 이렇게 시작한 쓰기 내용 지식 연구가 석사학위논문에 이어 박사학위논문으로 발전하였다.

쓰기의 내용 지식에 관한 연구는 그 시작부터 평탄치 않았다. 석사학위논문을 구상하고 있던 2012년까지만 해도 관련 연구가 5편이 안 되었으니 말이다. 그럼에도 기존에 다루어지지 않았던 새롭고 참신한 연구를 진행하려는 욕심과 충분히 연구 가능성이 있는 주제이니 한번 도전해보라고 지지해주신 지도교수님의 덕분에 이 연구를 진행해 나갈 수 있었다. 석사학위논문을 어렵게 마치고 박사공부를 시작한 후에도 연구를 꾸준히 지속하였고 『우리말 글』, 『한국언어문화학』, 『외국어로서의 한국어교육』, 『시학과 언어학』, 『한국(조선)어교육연구』 등 국내외 학술지에 여러 편의 논문을 발표하였다. 석사학위논문, 학술논문도 그러했고 박사학위논문을 쓰는 과정에서 가장 어려웠던 부분은 한국어 쓰기 교육에서 내용 지식의 개념을 정하고 유형을 분류하며 구성 방법과 원리 등을 정리하는 데 필요한 이론적 근거가 부족했다는 점이다. 따라서 국어교육과 국외의 관련 연구들을 참고하고 또 학습자들의 쓰기 텍스트와 쓰기 과정을 분석한 결과를 토대로 하여 나름대로의 이론을 정립하게 되었다.

이 책에서는 한국어 쓰기에서 내용 지식의 구성에 관한 이론적 지식들을 기술하고, 학습자들이 쓰기를 할 때 어떻게 내용 지식을 구성하는가에 대한 여러 양상의 검토를 통해 그 과정에서 드러나는 문제점들을 분석한 후 실제 교육 내용을 제시하였다. 1장과 2장에서는 내용 지식의 연구사와 쓰기 이론을 비판적으로 검토하고 연구의 목적과 의의를 제시하였다. 그리고 모국어 쓰기와 제2언어 쓰기에서의 내용 지식 관련 연구들을 통해 쓰기에서 내용 지식의 역할을 살펴보았다. 3장에서는 한국어 쓰기에서 다루어지는 내용 지식의 본질이 무엇인지, 내용 지식을 구성하는 주체와 단계 및 그 구성 방법이 어떠한지에 대해 기술적으로 논의하였다. 그 다음 실제 교육 현장에서 학습자들이 어떻게 내용 지식을 활용하고 구현하도록 가르치고 있는지를 알아보기 위해 다양한 종류의 쓰기 교재를 분석하였다. 4장에서는 중국인 학습자들이 모국어 쓰기와 한국어 쓰기를 할 때의 내용 지식 구성 양상을 내용 지식의 구성 단계와 구성 요인을 기준으로 비교 분석하였다. 이를 통해 한국어 쓰기에서 내용 지식을 구성할 때 생기는 문제점을 밝히고 그 원인을 분석하였다. 이를 바탕으로 5장에서는 쓰기에서 내용 지식 구성을 위한 교육 내용을 설계하였다. 교육 내용은 내용 지식 구성 과정에서 나타난 문제점들을 해결할 수 있도록 '태도', '지식', '방법', '평가'로 범주화하고 각 범주에 따라 구체적인 내용을 제시하였다. 마지막 6장은 전반적인 논의에 대한 정리와 내용 지식 구성 교육에 대한 필자의 제언으로 구성되었다.

책 출판을 앞두고 박사학위논문을 기반으로 더 나은 연구 결과를 이루어내지 못한 것에 부끄러움이 든다. 박사논문을 발전시켜 쓰기 내용 지식 전문 저서를 출판하리라 굳게 다짐을 하였었으나 대학교 수업, 무엇보다 결혼하고 애를 낳아 키우느라 연구를 진행할 겨를이 없었다. 이러저러한 이유들이 어쩌면 본인의 게으름에 대한 핑계일 수도 있다. 그럼에도 이 연구가 그간 쓰기 교육에서 소홀히 다루어졌던 내용에 초점을 맞추어 글의 내용적 측면의 질적 향상을 꾀하였다는 점에서 나름대로의 의미를 가진다고 생각하고 책의 출판을 결심하게 되었다. 이 책을 기반으로 쓰기 내용 지식의 구성 교육이 보다 체계적이고 이론적으로 정립되길 바란다.

이 책을 완성하기까지 많은 분들의 도움을 받았다. 늦은 나이에 맨주먹으로 유학을 결심한 제자를 학문의 길로 이끌어주시고 보살펴주신 최정순 교수님께 깊은 감사를 드린다. 중국 대학교에 취직한 소식을 전할 때, 고향 연변에서 올린 결혼식에 참석하였을 때 자신의 일보다 더 기뻐하시며 어깨를 다독여주던 일들은 평생 잊을 수가 없다. 유학하는 동안 칭찬과 격려를 아끼지 않고 힘을 주신 지현숙 교수님을 비롯하여 항상 따뜻한 마음으로 가르침을 주신 박석준 교수님, 심혜령 교수님께도 감사의 마음을 전하고 싶다. 석박사 과정을 순조롭게 마치고 어엿한 대학교 교사로 성장할 수 있었던 것은 교수님들의 참된 가르침 덕분일 것이다. 박사학위논문 심사를 맡고 소중한 조언을 해주신 이삼형 교수님, 진대연

교수님, 백소영 교수님께도 고마움을 전한다. 또한 부족한 원고를 흔쾌히 허락해주신 역락의 이태곤 이사님과 임애정 대리님 등 편집부 여러분께도 감사드린다. 마지막으로 항상 든든한 내 마음의 버팀목이 되어주신 부모님과 남편, 귀여운 딸애와 모든 가족들에게 이 책을 바친다.

2020년 10월
연운항 화해화원에서
전 미 화

차례

머리말 · 5

제1장 한국어 쓰기 내용 지식의 기존 연구와 논의   15

1. 연구 목적과 의의   15
2. 연구사   19
   2.1. 국어 쓰기 교육 분야의 내용 지식 관련 연구   20
   2.2. 한국어 쓰기 교육 분야의 내용 지식 관련 연구 22

제2장 한국어 쓰기에서 내용 지식의
논의를 위한 전제   31

1. 쓰기 이론의 검토   31
   1.1. 쓰기 이론의 교육적 접근   32
   1.2. 쓰기 교육 논의의 비판적 분석   40

2. 모국어, 제2언어 쓰기와 내용 지식   44
   2.1. 쓰기 능력과 내용 지식의 관계   44
   2.2. 모국어, 제2언어 쓰기에서 내용 지식의 역할   47

제3장 한국어 쓰기에서의 내용 지식의 기술　　53

1. 한국어 쓰기에서의 내용 지식　　53
　　1.1. 내용 지식의 본질　　53
　　1.2. 내용 지식의 구성 주체　　62
　　1.3. 내용 지식의 구성 단계　　69

2. 한국어 교재에서의 내용 지식 구성 활동　　77
　　2.1. 통합 교재　　78
　　2.2. 일반 목적 쓰기 교재　　84
　　2.3. 학문 목적 쓰기 교재　　89

제4장 한국어 학습자의 쓰기에 나타난
　　　내용 지식 구성 양상　　99

1. 분석 방법　　100
　　1.1. 분석 대상 및 절차　　100
　　1.2. 분석 기준　　104

2. 내용 지식 구성의 단계별 분석　　112
　　2.1. 내용 지식의 인출　　112
　　2.2. 내용 지식의 선별　　120
　　2.3. 내용 지식의 창출　　127
　　2.4. 내용 지식의 조직　　138

3. 내용 지식 구성의 요인별 분석   149
   3.1. 내용 지식의 통일성   150
   3.2. 내용 지식의 일관성   154
   3.3. 내용 지식의 완결성   163

제5장 한국어 학습자를 위한
    쓰기 내용 지식 구성 교육의 설계   169

1. 내용 지식 구성 교육의 목표   169
2. 내용 지식 구성 교육의 내용   173
   2.1. 교육 내용의 범주   173
   2.2. 교육 내용의 상세화   176

제6장 한국어 쓰기 내용 지식 구성 교육을 위한 제언   195

참고문헌 / 201

〈부록 1〉 한국어 사전 지식 검사지_ 209
〈부록 2〉 중국어 사전 지식 검사지_ 212
〈부록 3〉 쓰기에서 내용 지식 구성에 관한 인터뷰 자료_ 215

제1장

한국어 쓰기 내용 지식의
기존 연구와 논의

1. 연구 목적과 의의

쓰기는 언어사용 기능 가운데 가장 습득하기 어려운 영역이다. 쓰기는 말하기와 함께 전달하고자 하는 내용을 생성, 조직, 표현하는 데 상대적으로 더 많은 인지적 부담이 요구되므로 듣기나 읽기에 비해 어려운 기능으로 간주되어 왔다.[1] 쓰기 관련 연구는 네 기능 연구 중 가장 많은 비중을 차지하고 있는데 학문 목적 한국어 학습자들이 대학에 입학하여 학업을 수행하는 동안 가장 어려워하는 기능이며, 또한 교수자들이 중요하게 생각하는 기능이라는 점에서 특히 학문 목적 한국어 쓰기와 관련한 다양한 연구들이 이루어졌다.[2]

---

1) 최정순, 「한국어 표현 교육 연구」, 『이중언어학』 47호, 이중언어학회, 2011, 385면.
2) 최정순·윤지원(2011:75)에서는 네 기능 교육 연구 중, 쓰기 영역 연구가 41%로 가장 많은 비중을 차지하였고, 최정순·윤지원(2012:146)에서도 학문 목적 한국어교육 연구의 기능 영역 논문 중 '쓰기' 영역의 연구가 약 40%로 압도적이라 하였다.

'쓰기를 한다는 것'은 단순히 고정된 지식의 단순한 나열이 아니라 의미를 생성하고 조직하며 재구성해가는 과정이다.[3] 우리는 글을 쓸 때에 일차적으로 '무엇'을 쓸 것인가 하는 문제에 봉착하게 된다. 무엇인가 표현하고 싶더라도 아는 것이 없기 때문에 '무엇'을 써야 할지 고민을 하거나, 마음속으로 생각하고 있는 '무엇'이 있더라도 명료하게 표현하는 데 어려움을 겪는 경우가 많다. 여기에서 '무엇'이란 글의 재료이자, 쓰게 될 글의 '내용'에 해당한다. 써야 할 '내용'에 관한 지식이 부족하다는 것은 '내용 지식'이 충분하지 않다는 의미이다. 따라서 전자는 활용해야 할 '내용 지식' 선정부터 실패한 경우로, 후자는 알고 있는 '내용 지식'을 효과적으로 구성하는 데 실패하는 경우로 볼 수 있다. 우리가 써야 할 '내용'에 관한 지식인 내용 지식을 가지고 있고 이를 적절하게 표현할 수 있는 방법을 익힌다면 이러한 어려움은 곧 해결될 수 있다.

쓰기에서 내용 지식은 일차적으로 필자가 쓰기 주제에 대해 알고 있는 지식을 말한다. 대부분의 학습자들은 글을 쓸 때 주제에 대한 내용 지식을 떠올리는 것으로 시작하게 된다. 필자는 주제에 대해 알고 있는 다양한 내용 지식들을 활용하여 '쓸 거리'를 마련하고 조직하여 글을 완성하게 되는데, '쓸 거리'가 없이는 글을 완성할 수 없다는 점을 고려하면 내용 지식은 쓰기에 필요한 지식 중에서도 가장 중요하며 우선으로 고려해야 할 요소라고 할 수 있다. 내용 지식을 창출하고 구성하는 활동은 글의 시작부터 끝까지 전체 쓰기 과정에서 전반적으로 이루어진다.

지금까지의 쓰기 교육에서는 내용의 중요성을 강조하고는 있지만[4] 내

---

3) 이재승, 『글쓰기 교육의 원리와 방법』, 교육과학사, 2002, 97면.
4) 쓰기 교육에서 내용은 중요한 평가 항목으로 특히 '평가 범주'에서 중요하게 다루어져 왔다. 특히 Jacobs 외(1981)의 채점 개요에서는 내용 항목이 가장 우선적으로 다루어져 있고, 내용에 대한 지식을 그 세부적인 평가 기준으로 제시하고 있다(진대연, 「한국어 쓰기 능력 평가에 대한 연구: 텍스트 생산 능력 평가를 중심으로」, 『국어교육학

용보다는 과정이나 형식에 초점을 두고 가르치는 것이 보편적이다. 현재 쓰기 교육에서 지향하고 있는 과정 중심 쓰기에서는 쓰기 과정을 대개 계획하기, 내용 생성하기, 내용 조직하기, 초고 쓰기, 수정하기의 절차로 구분하고 있다. 이 중 계획하기, 내용 생성하기, 내용 조직하기 단계에서는 본격적으로 내용을 만들기 위한 사전 지식의 창출과 활용이 이루어진다. 세 단계에 거쳐 사전 지식의 창출과 활용이 이루어진다는 것은 쓰기에서 사전 지식의 활용이 중요함을 시사한다. 여기에서 사전 지식은 학습자가 주제에 관해 알고 있는 내용 지식의 한 유형이다. 따라서 내용 지식을 어떻게 잘 생성하고 조직하는지가 좋은 글을 쓸 수 있는 관건이라 볼 수 있다.

그러나 과정 중심 쓰기 교육에서는 좋은 내용을 구성하는 데 초점을 두는 것이 아니라 내용을 생성하고 조직하는 전략을 가르치는 데 초점을 둔다.[5] 즉, 내용적 측면에서 어떤 전략을 사용하여 내용을 구성해야 한다는 교육적 관점이 강하여 글의 내용으로서 어떤 기준을 만족시켜야 하는지에 대한 구체적인 교육은 간과된다는 것이다.[6] 글쓰기의 전 과정 즉, 글에 담길 내용은 어디에서 오며 그 내용은 어떻게 형성되고 조직되는지, 또 쓰기의 각 단계는 어떻게 귀결되는지 등이 무시되는 쓰기 작업은 진정한 의미의 글쓰기라고 보기 어렵다.[7]

쓰기에서 내용 지식이 중요한 만큼 이에 관한 연구도 활발히 이루어

연구』 19호, 국어교육학회, 2004, 502면).

5) 이재승, 앞의 책, 25면.

6) 김효숙(2002:27)에서는 국어 쓰기 교육에서 내용에 대한 교육이 부족하다고 하였다. 전통적으로 쓰기는 국어과 내에서 한정되어 지도되면서 일상생활과 관련된 보편적이고 일반적인 내용을 다루는 글쓰기를 중심으로 이루어져 왔다. 이는 국어과가 글을 쓰는 방법을 가르치는 교과로 인식되면서 글의 내용이 되는 구체적이고 세부적인 내용 지식은 쓰기 지도 대상에서 제외시켜 왔기 때문이다.

7) 이완기, 『영어 평가 방법론』, 문진미디어, 2007, 358면.

져야 함은 당연하다. 그러나 손다정 외(2013)에 따르면 학문 목적 한국어 쓰기 교육 연구를 쓰기 지식을 중심으로 분석한 결과, 내용 지식, 맥락 지식, 언어 지식, 쓰기 처리지식에 관한 연구가 빠짐없이 이루어지기는 하였지만 쓰기 지식별로 각각 22편, 57편, 21편, 4편의 연구가 발표되어 연구가 맥락 지식에 집중되었다고 하였다.[8] 이를 통해 한국어 쓰기 연구 는 과정 중심의 쓰기 교육이나 장르 중심 쓰기 교육에 초점이 맞춰져 있 음을 알 수 있다. 비록 현재 글쓰기 상황에 맞는 내용의 생산을 중요하 게 보고 내용 구성에 관한 연구가 점점 증가되고 있기는 하나 아직까지 이에 대한 논의는 양적, 질적으로 미흡한 실정이다.

한국어 쓰기에서 내용 지식에 대한 교육은 아주 중요한 위치를 차지 한다. 한국어 학습자들의 대다수는 한국어교육원에서의 단기간 학습을 통해 기본적인 의사소통 능력을 함양하게 된다. 따라서 다양한 유형의 쓰기를 위해 필요한 내용 지식은 학습자 스스로가 채워야 하는 부분으 로 간주되었고, 이러한 원인으로 학습자들은 쓰기를 할 때 무엇을 어떻 게 쓰면 좋을지 모르겠다는 어려움을 호소하고 있다. 내용 지식 구성에 관한 교육이 제대로 이루어지지 않으면 학습자들의 쓰기 결과물은 통일 성, 일관성, 완결성이 부족할 수밖에 없게 되며, 결국 또다시 학문적 상

---

8) 손다정 외(2013)에서 분석의 기준으로 삼은 쓰기 지식은 Tribble(1996)의 내용을 바탕 으로 한다. 1) 내용 지식은 한국의 학업 상황에서 주어질 쓰기 과제에서 필요로 하는 내용의 형성 및 축적, 활용 등에 관한 지식을 말하고, 2) 맥락 지식은 한국의 학업 상 황이라는 맥락에서 주어질 쓰기 과제의 장르(장르, 구체적 장르의 성격과 구조, 표현 등), 독자 등에 대한 지식을 말하며, 3) 언어 지식은 학업 상황에서 주어질 쓰기 과제 에 적절한 한국어 지식(문어, 공식적 글에서 필요한 표현 및 구조를 말한다. 마지막 4) 쓰기 처리 지식은 한국의 학업 상황에서 주어질 쓰기 과제를 처리하는 절차와 방 법 등에 대한 지식을 말한다. 쓰기 지식에 관한 논의는 2장에서 상세하게 다루도록 한다. 여기에서 분석 대상으로 삼은 연구 중 내용 지식에 관련한 것이 22편으로 제시 되었으나, 내용 지식에 관한 본격적인 연구가 아닌 것이 몇 편 있다. 이러한 연구는 본 연구의 선행연구 검토에서 제외할 것이다.

황에서 쓰기가 어렵다는 원점으로 돌아가게 될 것이다. 따라서 내용 지식의 구성에 대한 심층적인 교육이 이루어져야 하는 것은 자명한 일이다.

이 책은 한국어 학습자들이 쓰기에서 내용 지식을 구성하는 양상을 통해 문제점을 분석하고, 이를 바탕으로 내용 지식 구성에 초점을 둔 쓰기 교육 내용을 마련하는 데 목적을 둔다. 내용 지식 구성 양상과 문제점은 모국어와 한국어 쓰기 과정에서 구성된 내용 지식을 비교하여 분석하고자 한다. 이를 바탕으로 한국어 쓰기에서 내용 지식 구성을 위한 구체적인 교육 내용을 제시할 것이다.

2. 연구사

쓰기에서 내용 지식은 글의 내용과 직결된다. 따라서 내용 지식에 관한 논의는 쓰기 내용을 주제로 한 연구가 주를 이루는데 내용 생성에 관한 연구(정성애, 2006; 백정운, 2006; 안기주, 2008; 박소윤, 2013; 김준휘, 2009; 조인혜, 2006; 백현숙, 2009 등)과 쓰기 지식에 관한 연구(정미경, 2009; 김지유, 2009; 임진선, 2011; 전원영, 2012 등)에서 그 중요성이 강조되었고 점차 쓰기에 영향을 주는 하나의 독립적인 요인으로 다루어지기 시작했다.

쓰기에서 내용 지식을 주제로 한 연구는 국외에서 시작되어 2000년대 이후 국어 교육에서 연구가 이루어지기 시작하였고 2009년에 이르러 한국어 교육에서 주목을 받기 시작하였다. 국내에서의 쓰기 내용 지식에 관한 연구는 국어 교육과 한국어 교육으로 나누어 그 흐름을 살펴볼 수 있는데 이에 관련된 선행연구를 구체적으로 살펴 논의를 위한 토대로 삼고자 한다.

2.1. 국어 쓰기 교육 분야의 내용 지식 관련 연구

국어 쓰기 교육에서는 내용 지식과 관련하여 서수현(2006), 서수현·이병승(2009), 박희조(2009), 방종현(2009), 최민혜(2009), 송해림(2010), 최건아(2013), 이병승(2014) 등의 연구가 이루어졌는데, 내용 지식의 중요성을 강조하고 내용 지식이 학습자의 쓰기 수행에 어떤 영향을 주는지를 주요하게 살펴보았다.

서수현(2006)의 연구는 내용 지식의 중요성을 처음으로 강조하였고, 그 개념을 구체적으로 논의한 연구이다. 연구자는 쓰기에서 필요한 내용 지식을 "개인이 주제에 대해 알고 있는 특정한 지식"과 "그러한 특정한 지식이 형성되는 탐구 과정 및 원리, 일반적인 지식을 글쓰기에 필요한 내용 지식으로 전환할 수 있는 절차적 지식"으로 분류하였고, 이러한 내용 지식을 자신의 글에 적절한 자료로서 '전환'할 수 있는 전략의 사용이 반드시 전제되어야 함을 강조하였다. 이 연구는 쓰기 연구에서 내용 지식의 중요성을 제기하고, 향후 내용 지식에 대한 연구를 위해 기본적인 개념과 역할을 논의하였다는 점에서 의의를 찾을 수 있다.

이 외의 연구들은 내용 지식이 쓰기에 미치는 영향 혹은 내용 지식과 쓰기 성취의 관계를 살핀 연구이다. 최민혜(2009)에서는 주제에 대한 지식이 쓰기에 미치는 영향을 스키마 이론을 바탕으로 연구하였는데, 그 결과 주제에 대한 지식이 쓰기에 영향을 미치며, 글의 구조에 대한 지식보다는 주제에 대한 지식이 쓰기에 영향을 미친다는 것을 밝혔다. 따라서 현장에서 쓰기를 지도함에 있어 주제에 대한 지식 즉, 글의 내용에 대한 지식에 대한 지도가 중점적으로 이루어져야 함을 제안하였다.

박희조(2009)에서도 필자가 가지고 있는 스키마가 쓰기에 직접적인 영향을 미치고 있음을 밝히고, 이를 바탕으로 쓰기에서 내용 지식의 중요성을 강조하고, 내용 지식을 활성화하기 위한 자료 수집의 필요성과 방법에 대한 지도가 이루어져야 한다고 하였다. 송해림(2010)의 연구 역시 내용 지식이 쓰기에 긍정적인 영향을 미친다는 것을 연구하였는데, 최민혜(2009)에서 사용한 쓰기 주제에 비해 비교적 일반적이고 친숙한 주제를 사용하여 내용 지식이 주제에 관계없이 쓰기에 모두 중요한 작용을 한다는 점을 강조하였다. 또한 방종현(2009)에서는 필자의 사전지식이 글의 질과 길이에 미치는 영향을 살폈고, 역시 그 영향이 긍정적임을 밝혔다.

한편 서수현·이병승(2009)에서는 쓰기 성취를 평가하기 위한 과제로 일반적인 내용 지식이 요구되는 쓰기 과제와 특정한 내용 지식이 요구되는 과제를 사용하여 쓰기 실험을 진행하였는데, 그 결과 일반적인 주제와 특정 영역의 지식을 필요로 하는 주제에 대한 쓰기에서 쓰기 성취는 유의미한 관계가 없는 반면, 주제에 대한 내용 지식이 많은 집단과 적은 집단 사이에 쓰기 성취는 유의미한 차이가 있다는 것으로 나타났다. 따라서 학생들의 쓰기 성취를 평가할 때 특정 영역의 주제를 선정하는 것을 피해야 하고, 쓰기 과제가 주어졌을 때 내용 지식을 충분히 활성화할 수 있는 수업이 이루어져야 함을 제안하였다.

또한 이병승(2014)에서도 필자의 쓰기 주제에 대한 내용 지식이 쓰기 성취에 미치는 영향을 분석하였는데, 분석 결과 내용 지식의 양에 따라 학생들의 쓰기 양은 통계적으로 차이가 있었고 지식의 양에 따라 구분한 집단별로 '내용', '조직', '표현', '독자고려' 측면에서 모두 유의미한 차이가 있음을 밝혔다. 따라서 글쓰기에서 내용 지식을 충분히 학습하고 글을 쓸 때 좋은 성취도를 보일 수 있으므로 쓰기 계획 단계에서 쓰기 주제에 대한 내용 지식을 충분하게 활성화하는 활동이 필요하며, 교사들이 쓰기 과제를 설계할 때에는 학습자들에게 친숙한 주제와 내용을 선정해야 한다고 하였다.

이상에서 살핀 연구들은 실제 실험을 통해 내용 지식이 쓰기에 긍정적인 영향을 미침을 검증하였다는 점에서 의의가 있다. 이러한 연구 결과는 국외에서 쓰기 주제에 대한 내용 지식이 쓰기 과정과 성취에 미치는 영향은 대부분 긍정적이라는 결과와 일치한다. 따라서 국내의 쓰기 교육에서 내용 지식의 중요성을 다시 한 번 확인할 수 있는 계기가 되고, 내용 지식의 구성에 초점을 둔 쓰기 교육과 향후의 지속적인 연구의 필요성에 합리적인 근거가 될 수 있다. 그러나 모든 연구가 필자의 사전 지식(스키마)을 연구 대상으로 삼고 있어 서수현(2006)에서 제시한 내용 지식의 여러 측면을 살피지 못했다는 점과 이러한 연구들이 내용 지식을 효과적으로 구성할 수 있는 구체적인 방안으로 이어지지 못했다는 점에서 아쉬움이 있다.

2.2. 한국어 쓰기 교육 분야의 내용 지식 관련 연구

국어 쓰기 교육에서의 연구에 비해 한국어 쓰기 교육에서는 내용 지식의 명제적인 측면과 함께 절차적인 측면을 살피는 연구가 활발히 이루어졌다. 한국어 쓰기 교육에서 내용 지식에 대한 연구는 대부분 학문 목적 한국어 쓰기를 대상으로 논의되었는데 대체로 내용 지식 구성 방안(최은지, 2009, 2012; 김정숙, 2009; 전미화, 2012, 2014; 임수진, 2014) 및 구성 양상(윤지원·전미화, 2013)과 참고자료를 활용한 담화 통합(장은경, 2009; 이아름, 2013; 박지원, 2013)에 대한 연구로 나누어 볼 수 있다.

한국어 교육에서 쓰기 내용 지식을 처음으로 다룬 연구는 최은지(2009)이다. 이 연구에서는 한국어 작문 교육의 전반에 대해 다루었는데, 쓰기 지식 중의 하나인 내용 지식을 기존 지식, 상호텍스트적 지식, 지식통합 지식으로 구분하였다. 그리고 외국인 유학생이 처해있는 작문 상황에 대해 요구 조사를 실시하고, 한국인 학생과 외국인 유학생이 쓴 보고서를 분석하고, 교수자를 대상으로 요구조사를 하여 학습자들이 상호텍스트적 지식과 지식통합지식의 구성을 어려워함을 파악하였다. 이를 바탕으로 학습자들을 위한 상호텍스트성의 확보를 위한 담화통합 교육을 제안하였다. 이 연구를 시점으로 한국어 교육에서 내용 지식에 관한 연구와 담화통합에 관한 연구가 활발히 진행되었다.

김정숙(2009)은 현재까지 학문 목적 한국어 쓰기 교육에서는 한국어 담화 공동체가 요구하는 형식에 관한 연구를 중심으로 이루어졌으나 이는 학문 목적 한국어 쓰기에서 요구되는 내용 지식을 포함한 쓰기 능력을 기르는 데는 한계가 있다고 지적하였다. 따라서 대학(원)생들의 보고서 텍스트를 분석하여 학문적 상황에 놓여 있는 외국인들이 보고서를 작성할 때 내용 지식을 구성하는 능력이 부족함을 보여주었다. 이를 바탕으로 내용 지식 구성 방안을 제안하고 실제 수업의 예를 제시하였다.

이러한 연구를 바탕으로 전미화(2012)에서는 보고서 쓰기 교육에서의 내용 지식의 구성을 위한 교수 모형을 제시하고, 이에 따라 구체적인 교육 내용 및 방안을 제시하였다. 이 연구는 내용 지식 구성 교육의 목표, 교육 내용, 교육 방안 등을 모두 포함한 체계적인 연구를 시도하였다는 점에서 의의를 찾을 수 있다.

한편 최은지(2012)에서는 절차적 지식으로서의 내용 지식인 지식통합 지식에 초점을 맞추어 연구를 진행하였는데, 기존의 연구에서 논의하였던 내용 지식의 상호작용의 관계를 도식화하고 이를 구성하기 위한 방안들을 구체적으로 제시하였다. 또한 전미화(2014)에서는 학습자들이 쓰기 과정에서 참고자료의 활용과 더불어 검색 및 수집이 중요함을 제기하고 쓰기를 하기 위해 인터넷상의 참고자료를 어떻게 수집하고 활용하여 내용을 구성할 것인지에 초점을 두어 내용 지식 구성 방안을 제시하였다. 즉, 두 편의 연구 모두 내용 지식을 구성주의의 관점에서 의미 구성의 측면을 강조하여 다루고 있다.

이상에서 살핀 연구는 내용 지식을 본격적으로 다룬 연구로, 내용 지식의 개념과 교육 방안 등을 다루는 데 초점을 두었다. 그러나 대부분 연구가 교육 방안의 효과를 실제로 검증해보지 못했다는 점에서 한계를 가진다. 또한 내용 지식 구성을 위한 쓰기 교육을 효율적으로 진행하기 위해서는 학습자들이 실제로 내용 지식을 구성하는 과정이나 양상을 살펴 문제점을 찾을 필요가 있으나 이에 대한 연구는 아래의 몇 편에 그친다.

우선 내용 지식 구성 양상을 살핀 윤지원·전미화(2013)의 연구에서는 내용 지식의 유형을 기존 지식, 상호텍스트적 지식, 통합된 지식으로 분류하고, 학문 목적 학습자들이 산출한 쓰기 텍스트와 쓰기에 활용한 참고자료를 분석하여 세 가지 유형의 내용 지식의 활용 정도를 살펴보았다. 그 결과 학습자들은 상호텍스트적 지식을 가장 많이 활용하였고 통합된 지식과 기존지식의 활용이 아주 적었으며, 통합된 지식의 구성을 가장 어려워함을 알 수 있었다. 따라서 이를 해결하기 위해서 학습자의 기존 지식을 활성화하고 참고 자료를 통해 얻은 상호텍스트적 지식과 이들을 통합한 지식을 쓰기에 적절하게 활용할 수 있는 교육이 이루어져야 함을 제안하였다.

내용 지식을 구성하기 위해서는 읽기와 쓰기가 통합되는 담화통합이 필수적이다.9) 따라서 담화통합에 관한 연구 또한 쓰기에서 내용 지식 구

---

9) 담화 통합(discourse synthesis)이란 필자들이 여러 텍스트를 읽고 주어진 쓰기 과제에 필요한 지식을 선택하고 조직하여 새로운 텍스트를 산출하는 과정을 말한다. 이 용어는 Spivey에 의해 처음 사용된 것으로, Spivey(1984)에서는 담화 통합을 "필자가 다양한 텍스트들에서 정보를 선택하고 결합하여 새롭고 독창적인 텍스트를 생산하는 과정"이라고 하였다.

성에 관한 연구의 일부분이라고 볼 수 있다. 담화통합에 관한 연구로 장은경(2009)에서는 학습자들을 대상으로 쓰기 텍스트 분석과 면접 분석을 실시하였다. 이를 통해 학습자들이 참고 텍스트를 잘 활용하지 못하고, 내용을 선택하고 분류하는 데에 문제를 보였으며, 참고 텍스트를 통해 상호텍스트적 지식을 획득하거나 획득한 지식들을 통합하는 데 실패하고 있다는 결과를 제시하였다. 이러한 결과를 바탕으로 연구자는 내용 지식으로서의 기존 지식, 상호텍스트적 지식, 지식 통합 지식을 활성화하고 적절하게 구성할 수 있는 방안을 제시하였다.

이 외에 이아름(2013)에서는 담화통합에 필요한 11개의 전략 활용에 초점을 맞추어 전략을 활용한 쓰기 교육을 통해 담화통합이 학습자들의 쓰기에, 내용 지식 구성에 효과적임을 검증하였고, 박지원(2013)에서는 학문 목적 한국어 학습자들이 내용 지식의 구성의 한 방법인 담화통합을 어떻게 진행하는지 분석하고 분석결과를 바탕으로 실험 수업을 하여 담화통합 쓰기 수업이 학습자들의 쓰기 능력 향상에 미치는 영향을 살펴보았다. 실험결과 담화통합 쓰기 교육이 학습자들의 학문적 쓰기 능력 향상에 효과적임을, 특히 내용 영역과 형식 및 구성 영역에 큰 효과가 있음을 검증하였다.

이상의 논의들은 내용 지식의 본질을 명제적 지식과 절차적 지식으로 바라보는 지식론 관점에서, 내용 지식을 구성하는 과정을 구성주의 관점으로 접근하여, 의미를 구성하는 주체인 필자의 측면에서 논의되었다. 그러나 여기에서 재고해야 할 점은 지금까지 쓰기 내용 지식에 관한 연구가 탄탄한 이론적 근거가 없이, 몇 편의 선행연구만을 바탕으로 급속하게 이루어지고 있다는 것이다. 즉, 내용 지식의 본질이 무엇인지, 내용 지식이 명제적 지식으로서 분류가 가능한지에 대한 연구가 충분히 이루어지지 않은 채, 내용 지식을 구성하기 위한 방법만을 강조해왔기 때문에 그 본질을 살펴보고 개념과 유형 등을 재검토할 필요가 있다.

이러한 인식을 바탕으로 최근 주목할 만한 것은 내용 지식의 본질을 해석학의 관점에서 바라본 연구이다. 임수진(2014)은 내용 지식이 풍부한 필자가 좋은 글의 생산에 상당한 어려움을 겪는 경우가 많다는 문제의 식에서 출발하여, 내용 지식을 필자의 외부에 존재하는 실체가 아닌, 필자가 자신의 선이해를 바탕으로 지속적이고 순환적으로 해석해 나가는 의미 구성의 과정으로 보았다. 따라서 쓰기는 하나의 정해진 과정을 답습하는 것이 아니라 쓰기에 반영될 내용을 해석하고 그 의미를 구성하여 글에 반영하는 과정이라는 점을 제시하였다. 또한 실험연구를 통해 고급 한국어 학습자의 내용 지식의 양적 확대가 반드시 내용 생성의 용이성을 확보하거나 텍스트의 질을 보장하는 수준으로 이어지는 것은 아니므로 내용지식을 대하는 필자의 태도와 구성 방법에 따른 차이가 보다 능숙한 필자가 될 수 있는 중요한 요인임을 제시하였다. 이 연구는 새로운 관점에서 내용 지식의 본질을 살폈고, 학습자들의 창의적인 사고를 개발하는 데 효율적인 방법임은 틀림없으나, 다양한 정보와 논거들을 요구하는 학문 목적 쓰기에서의 적용 가능성이 검증되지 않아 아쉬움이 남는다.[10]

이상의 논의는 현재 한국어 쓰기 교육에서 내용 지식의 중요성을 확인할 수 있는 근거가 되고, 내용 지식을 쓰기 교육의 한 부분으로 다루어야 하며 나아가 구체적인 방안을 고민해야 한다는 논지를 담고 있다. 그러나 아직까지 내용 지식의 본질이 무엇이고, 쓰기 과정에서 구성되는 내용 지식들로 구체적으로 어떠한 지식들이 있는지를 분석한 연구는 부

10) Galbraith(1999)가 논의한 해석학적 관점에서의 쓰기는 자신의 의미 구성적 글쓰기만이 글쓰기의 유일한 기준이라고 제시하는 것이 아니라, 기존의 글쓰기 관련 논의가 부족한 점을 채우는, 따라서 글쓰기 교육의 완성도를 높이는 차원의 문제제기에 해당한다.

족하다. 또한 연구 방법의 측면에서 대부분의 연구들은 문헌연구나 텍스트 분석을 통해 이루어졌는데 학습자들이 내용 지식을 구성하는 실제 과정과 양상을 살피거나 분석한 연구는 아직까지 이루어지지 않았다. 따라서 체계적인 내용 지식 중심의 쓰기 교육을 이루기 위해서는 내용 지식의 본질과 구성에 관한 이론이 정립되어야 하며, 실제 구성 과정을 분석하여 나타나는 특성과 문제점을 밝혀야 한다.

제 2 장

한국어 쓰기에서
내용 지식의 논의를 위한 전제

한국어 쓰기에서 내용 지식의 논의를 위한 전제

1. 쓰기 이론의 검토

쓰기 이론의 변화는 지식의 본질에 대한 인식론적 관점과 한 궤를 이룬다. 지식의 본질에 대한 인식론적 관점은 크게 인식론적 절대주의(객관주의)와 인식론적 상대주의(구성주의)로 나뉘며, 쓰기 이론은 이러한 관점의 영향을 받아 형식주의 쓰기 이론, 인지적 구성주의 쓰기 이론, 사회적 구성주의 쓰기 이론으로 변천되어 왔다.[1]

쓰기 교육 또한 쓰기 이론의 변화에 따라 다양한 형식으로 변화되었

---

[1] 쓰기 이론의 분류는 학자마다 조금씩 견해가 다르다. 각 학자의 비교적 최근 분류 방식을 살펴보면 다음과 같다. 우선 박태호(2000)에서는 형식주의, 인지 구성주의, 사회 구성주의, 사회 인지, 장르 중심으로 분류하였고, 박영목(2002)에서는 형식주의, 구성주의, 사회 구성주의로, 그리고 이재승(2002)에서는 형식적 관점, 인지적 관점, 사회적 관점으로 나누고 각 관점에 따른 쓰기 교육을 결과 중심, 과정 중심, 대화 중심 쓰기 교육으로 표현했다.

는데 크게 결과 중심 쓰기 교육과 과정 중심의 쓰기 교육으로 구분된다. 결과 중심 쓰기 교육은 형식주의 쓰기 이론을 기반으로 텍스트에 초점을 두고, 과정 중심의 쓰기 교육은 인지주의 쓰기 이론을 기반으로 필자와 독자에 초점을 두어 이루어진다.

본 절에서는 이상의 쓰기 이론들을 살펴보고, 이를 바탕으로 내용 지식의 구성을 둘러싼 쓰기 교육 즉, 글의 내용에 초점을 둔 교육이 얼마나 이루어졌고 어떻게 이루어졌는지를 비판적으로 검토하여 기존의 쓰기 교육에서 존재하는 한계점들을 밝히고자 한다.

1.1. 쓰기 이론의 교육적 접근

1.1.1. 형식주의 쓰기 이론

형식주의 쓰기 이론은 1950년대부터 1960년대 초반까지 쓰기에 대한 지배적인 이론으로서, 객관주의적 지식관에 입각하였다. 인식론적 절대주의에서 지식은 주체 밖에 존재하는 객관적인 실체로 규정된다. 따라서 형식주의 쓰기 이론은 텍스트 자체에 초점을 두고 쓰기 연구의 목적을 텍스트의 질을 개선하는 데 둔다.

형식주의 쓰기 연구자들은 텍스트를 온전한 의미를 담고 있는 자율적인 실체로 규정하고 쓰기란 주제 관련 지식을 객관화된 쓰기 절차와 장르 규범, 규칙에 따라 글로 표현하는 과정으로 정의한다. 또한 쓰기 과정을 '예비 작문하기(prewrite), 작문하기(write), 다시 쓰기(rewrite)와 같은 선조적인 것으로 보았고, 쓰기 과정에서 필자는 능동적인 의미의 전달자로, 독자는 수동적인 의미의 수신자로 취급하여 쓰기 능력은 지속적이고 체계적인 모방과 연습을 통해서 신장시킬 수 있다는 관점을 취했다.[2] 따라서 형식주의 쓰기 이론가들은 텍스트를 구성하는 요소들의 객관성을 중시하여 텍스트의 의미 구성에 관한 모든 문제는 구성 요소의 분석과 요소들 사이의 관계 분석을 통해 해결할 수 있다고 보았고, 쓰기, 독해, 사고 등의 인지적 행위와 관련되는 증거들은 객관성과 신뢰성이 없는 피상적인 증거에 불과하다고 주장하였다.[3]

형식주의 쓰기 이론에 바탕을 둔 학습은 학습자의 쓰기 수행 과정에 대한 고려가 결여된, 쓰기 결과물만을 중시하는 결과 중심 쓰기 교육으로 이어지게 되었다. 결과 중심 쓰기 교육은 학습자들로 하여금 텍스트를 구성하고 있는 형태적 요소와 모범 텍스트의 규칙을 모방하여, 기계적으로 암기하고 연습하게 하는 데 초점을 두었다. 따라서 교사는 모범 텍스트를 제시해주고, 객관적인 쓰기 절차와 규칙을 전수하며, 학습자들이 단계적 쓰기 절차를 따라 쓰게 한 후 완성된 결과물의 형태적 측면의 오류를 수정해 준다. 그 결과, 학생의 인지적 의미 구성 과정은 경시되었고 교사가 중심이 되는 쓰기 수업이 이루어졌다. 이러한 관점에서 지식의 전달은 일방적으로 이루어지는 과정으로 여겨진다.

쓰기에 관한 형식주의적 관점과 이에 기반한 결과 중심 쓰기 교육은 지식에 관한 상반된 인식론을 지닌 구성주의 인식론자들에 의해 많은 비판을 받게 되었다. 그 비판의 주된 대상은 텍스트 의미의 고정성에 관한 것으로, 필자 개인의 경험이나 개인적 지식의 차이에 따른 의미 구성 행위를 배제했다는 것이다. 결과 중심 쓰기 교육이 텍스트의 형태적 요소에 초점을 두어, 필자의 의미 구성 능력을 정확하게 인식하지 못하고 단순하고 기계적인 수준으로 이해했기 때문이다. 또한 결과물인 텍스트에서 발견되는 오류들을 교정해 주는 데 초점을 맞춤으로써 학습자로

---

2) 노명완 외, 『국어교육학개론』, 삼지원, 2012, 347면.
3) 박영목, 『작문 교육론』, 역락, 2008, 174면.

하여금 쓰기에 대한 부담감과 거부감을 느끼게 했다. 이는 학습자가 자신의 글에 대한 부정적인 피드백, 즉 오류 지적에 대한 부작용이었다.

1.1.2. 인지적 구성주의 쓰기 이론

인지주의 쓰기 이론은 형식주의 쓰기 이론이 쇠퇴해지기 시작한 1960년대 후반부터 대두되어 1970년대에 거쳐 활발하게 논의되었다. 구성주의 인식론자들은 지식에 관해 상대주의적 관점을 가진다. 지식이 주체 밖에 존재하는 절대적이고 객관적인 실체라는 관점을 버리고, 주체들이 세상에 대해 구성하는 의미로서 지식을 파악하는 것이다. 따라서 지식을 상대적이고 가변적인 것으로 간주하였다.

구성주의적 지식관에 입각한 인지주의 쓰기 이론은 표현의 결과물인 텍스트 자체보다는 필자의 의미 구성 과정에 초점을 둔다. 따라서 여기에서는 필자가 외부의 자극을 내면화하고 텍스트를 생성해 내는 인지적 과정을 연구의 대상으로 삼는다. 인지주의 쓰기 이론은 쓰기의 의미 구성의 주체를 개인으로 파악할 것인지, 사회로 파악할 것인지에 따라 인지적 구성주의와 사회적 구성주의로 구분된다. 그 중, 인지적 구성주의는 의미 구성의 주체를 고립된 개인으로 파악하며, 개인 안에서 이루어지는 인지적 처리 과정을 통해 지식이 구성된다는 관점을 지닌다.

인지적 구성주의는 Piaget의 인지발달 이론을 바탕으로 개인의 정신적 활동을 통하여 지식이 구성된다고 보고 있다. Piaget는 인간이 동화와 조절의 과정을 통해 능동적으로 발달해 간다고 보았는데, 이때 이루어지는 동화와 조절은 평형을 유지하려는 인간의 본능에 의한 것이다. 한 개인에게 외부의 새로운 지식과 경험이 들어오면, 개인은 이러한 새로운 지식과 경험을 이미 자신이 구성하고 있던 지식에 적용시키는데, 이를 동화의 과정이라고 할 수 있다.[4] 그리고 조절은 새로운 지식들을 통합하여 기존에 개인이 가지고 있던 지식 체계를 수정하는 것이다. 다시 말해, 인간은 이러한 동화와 조절을 통해 끊임없이 인지발달을 이루어간다는 것이 Piaget의 발달이론이며, 이 이론에서 인간 개인은 수동적으로 지식을 전달 받는 존재가 아닌 능동적으로 정보를 내면화시키는 존재이다.[5]

1970년대에 들어서면서 인지 구성주의적 관점을 바탕으로 한 쓰기 연구자들은 필자의 의미 구성 과정을 중시하여 필자 내에서 일어나는 의미 구성 현상을 밝히기 위해서 노력하였다. Emig(1971)은 인지적 구성주의의 관점에서 필자 개인의 내부에서 일어나는 의미 구성 과정을 관찰하였다. 그는 모범이 될 수 있는 글을 제시하고, 그 글의 핵심 요소를 인식하도록 하는 것이 쓰기 교육이라고 여기는 사람들에 의해 쓰기 교육이 잘못 이루어져 왔다고 강하게 주장하였다. 따라서 필자의 쓰기 과정을 살피고자 12학년 학생들을 대상으로 사고구술법을 활용하여 학생들이 의미를 구성하는 과정을 탐구하였다. 실험 결과, 쓰기 과정 중에 학생들의 머릿속에서 일어나는 활동들은 선조적이 아닌 회귀적인 성격을 보이고 있다는 것을 알 수 있었다.

또한 Flower & Hayes(1981)은 영어 모국어 화자들을 대상으로 사고구술법을 사용한 쓰기 연구를 진행하여 필자들이 쓰기 과정에서 어떤 경험을 하는지를 살펴보았다. 그리고 구술 과정을 전사한 프로토콜 분석을 통해 필자들이 쓰기를 할 때 사용하는 인지 전략을 도출하고 이를 바탕으로 쓰기 과정에서 필자가 겪게 되는 경험을 연구하여 인지적 작문 모형을 제시하였다. 이들은 쓰기를 개인적인 필자가 일련의 목표지향적인

---

4) 최은지, 「사회적 구성주의에 기반한 학문 목적 한국어 작문 교육 연구」, 고려대학교 박사학위논문, 2009, 20면.
5) 방선욱, 「구성주의적 교육관의 이론적 함의와 적용 가능성 고찰」, 『교육학연구』 40-3호, 한국교육학회, 2002, 4면.

문제 해결 과정을 통해서 한 편의 글을 완성해 가는 사고 과정으로 본다.[6] 따라서 쓰기는 계획하기, 작성하기, 재고하기, 조정하기 등의 회귀적인 과정을 거쳐 이루어짐을 강조하였다.

인지적 구성주의 쓰기 이론에 기반한 교육에서는 결과 중심의 쓰기 교육을 지양하고, 쓰기 과정을 조절하고 통재할 수 있는 기능이나 전략을 그 교육 내용으로 삼으며, 형식주의 관점에서의 결과 중심과 대립되는 과정 중심의 용어를 사용하였다. 인지주의 관점은 쓰기의 결과보다 과정에 관심을 가지고 이 과정에 대한 깊이 있는 탐구를 했다는 점과 쓰기를 단순히 지식을 나열하는 행위가 아니라 의미를 구성하는 행위로 파악한 점, 쓰기를 문제 해결 행위로 파악한 점, 쓰기 과정에서 필자의 역동적인 사고 행위를 강조한 점 등에서 쓰기 교육에 시사하는 바가 크다.[7]

그러나 인지적 구성주주의 관점에서 쓰기를 하는 필자는 외부의 자극을 내면화하고 내적인 인지적 과정을 통해 글을 생산해 내는 개인이며, 쓰기 과정에서 필자는 외부의 영향을 받지만 외부 환경과 상호작용이 이루어지지는 않는다는 점에서 한계가 있다. 또한 Flower & Hayes(1981)의 인지적 쓰기 모형에 제시된 필자의 장기 기억은 앞으로 쓰게 될 내용이 생성될 수 있는 원천으로서 주제, 독자, 쓰기 계획에 대한 지식을 포함하는데 내용 지식을 '필자가 주제에 대해 기존에 알고 있던 지식'으로 한정하고 있음을 보여 준다. 즉, 쓰기를 의미를 구성해 나가는 개인의 역동적인 지식 생성의 과정이 아니라 도구적이고 체계적이며 객관적으로 존재하는 지식에만 기초한다는 점에서도 한계점을 찾을 수 있다.

---

6) 노명완 외, 『국어교육학개론』, 삼지원, 2012, 348면.
7) 이재승, 「작문 이론의 변화와 작문 교육에서의 수용」, 『국어교육』 131호, 한국어교육학회, 2010, 502~504면.

1.1.3. 사회적 구성주의 쓰기 이론

1970년대 언어사용의 인지적 과정에 집중되었던 쓰기 이론은 1980년대에 이르러 언어사용의 사회적 해석을 중요하게 다루기 시작하였다. 개인이 아닌 개인을 둘러싸고 있는 환경이나 개인 간의 관계에 관심을 가지는 사회적 구성주의 쓰기 이론이 대두된 것이다. 사회적 구성주의에서의 지식은 개인 내의 인지 과정을 통해 구성된 것이 아니라 사회적 상호작용을 통해 합의된 결과물로 간주된다.

사회적 구성주의는 Vygotsky(1978)의 발달심리 이론에 근거하여 인간의 사고는 '사회적 상호작용이 내면화되어 이루어지는 것'으로 본다.8) 따라서 사회적 구성주의는 의미 구성의 주체를 큰 범위에서의 공동체로 보고 있으며, 쓰기를 필자가 공동체 구성원들과 대화하는 과정으로 본다. 이러한 공동체는 '같은 경험을 하고, 같은 가치를 가지고, 같은 언어로 말함'을 뜻하며 담화공동체로 정의된다. Bizzell(1992)에서는 담화공동체를 "특정한 지리적, 사회경제적, 인종적, 직업적인 차이와는 별개로 언어 사용의 관습 즉, 사회적 상호작용을 규제하는 문체적 관습과 공동체 구성원들의 세계관이나 경험의 해석 방식인 규범적인 지식을 공유한 사람들의 집단"이라고 정의하였다. 또한 박태호(1996)는 담화공동체를 "공통의 가치, 조사방법, 신념, 관습 등을 소유한 집단"이라고 말하고 있다. 즉, 사회적 구성주의에서는 위와 같은 담화공동체 구성원들의 상호작용을 통하여 의미가 구성되며 이러한 대화와 협상을 통해 이루어진 의미는

---

8) Vygotsky(1978)는 인지란 사회적 상호작용의 내면화임을 주장하고 인지 발달에 있어서 대화의 중요성과 근접발달영역의 개념을 강조하였다. 근접발달영역은 아동이 자신의 힘으로 혼자서 수행할 수 있는 실제적 발달 수준과 타인의 도움을 받으면서 수행할 수 있는 잠재적 발달 수준간의 간격을 말한다. 근접발달이론은 지식이 사회 구성원들 간의 상호작용을 통하여 구성된다는 사회적 구성주의의 핵심원칙을 잘 설명해 주고 있다.

고정적인 불변의 실체가 아니라 변화하는 실체로 본다.

사회적 구성주의 쓰기 이론을 바탕으로 한 연구에서는 개인의 쓰기 행위보다는 필자를 둘러싸고 있는 사회적 환경이나 맥락에 관심을 갖는다. Shaughnessy(1977)는 영어가 모국어가 아닌 학생들이 쓴 글에 나타난 오류로부터 그 원인을 분석하였는데, 개인의 문제라기보다는 글을 쓰는 데 필요한 사회 문화적 배경적 지식의 결핍에 있다고 보았다. 쓰기가 하나의 사회적 행위이자 담화 관습의 체계이기 때문에, 외국인 학습자들이 글을 쓰면서 생성하는 오류는 그들이 새롭게 접하게 된 담화 공동체의 글쓰기 형식이나 쓰기 관습에 친숙하지 않기 때문에 발생하는 것으로 보아야 한다는 것이다. 또한 Faigley(1985)는 언어적 측면에서 공동체를 이루는 사람들은 특수 형태의 담화 능력을 획득하게 됨으로써 특정한 사회 집단에 참여할 수 있게 된다는 사실로부터 작문의 사회적 측면을 강조하였다. 이러한 관점은 각각의 담화공동체에는 그 안에서 통용되는 의사소통 방식이 있고 준수되어야 할 담화 관습이 있는데 이것들이 쓰기를 통해 실현된다고 보는 것이다. 따라서 어떤 담화 공동체에 입문하고자 하는 사람은 무엇보다 먼저 그 담화 공동체에서 통용되는 의사소통 방식으로서의 담화 관습을 학습하지 않으면 안 된다는 것이다.[9]

이렇듯 사회적 구성주의 작문 이론에 따르면 쓰기는 일종의 사회적이고 문화적인 행위이다. 필자는 사회 문화적 맥락 안에서 담화공동체 구성원들과 상호작용하면서 글을 쓰는 존재로, 이러한 필자가 생성해 낸 글은 필자 개인이 생성한 결과가 아닌 담화 공동체 구성원으로서의 교사나 동료와의 협상을 통한 상호작용의 결과로 보아야 한다. 결국 사회적 구성주의의 관점에서 볼 때 지식 구성과 인지 발달은 개인적 인지 활동과 사회적 상호작용이 통합되어 이루어지는 역동적인 과정인 것이다.

---

9) 노명완 외, 『국어교육학개론』, 삼지원, 2012, 349～350면.

사회적 구성주의 쓰기 이론에 기반한 교육에서는 학습자들이 속해 있는 사회적, 문화적, 경제적, 역사적 배경에 좀 더 많은 관심을 가지고 이와 같은 배경의 차이를 고려하여 쓰기의 목적과 방법을 달리할 것을 요구한다.[10] 그리고 담화공동체에 익숙하게 하는 방법으로 협동학습과 토론, 토의활동을 강조하였다. 그러나 Bruffee(1984)와 같은 협동 학습 이론이 결합된 소집단 쓰기 활동을 제안하는 정도에 그쳤을 뿐, 형식주의 쓰기 이론이나 인지 구성주의 쓰기 이론과 같이 실제적인 수준의 쓰기 교육에 대한 논의로는 발전되지 못했다는 한계점을 보이고 있다.[11]

이상에서 형식주의 쓰기 이론, 인지적 구성주적 쓰기 이론, 사회적 구성주의 쓰기 이론과 이를 전제로 하는 결과 중심 쓰기 교육과 과정 중심 쓰기 교육에 대해 살펴보았다. 이상의 논의를 바탕으로 패러다임의 변화에 따른 쓰기 이론은 다음의 표와 같이 정리할 수 있다.[12]

〈표 2-1〉 패러다임의 변화에 따른 쓰기 이론

패러다임	객관주의 인식론	인지 구성주의 인식론	사회 구성주의 인식론	
초점	텍스트 중심 (바른 텍스트 완성 / 형식적 정확성)	필자 중심 (의미 구성의 주체)	필자-독자 (담화공동체의 관습 / 규범)	장르 중심 (형식의 사회적 맥락 / 쓰기의 목적)
의미 구성의 원리	규범문법 / 수사학적 규칙	인지적 표상을 텍스트로 번역하는 과정	언어 사용의 사회 문화적 맥락	

---

10) 이재승, 『글쓰기 교육의 원리와 방법』, 교육과학사, 2002, 47면.
11) 노명완 외, 『국어교육학개론』, 삼지원, 2012, 351면.
12) 임수진, 「고급 한국어 쓰기 교육의 해석학적 내용 지식 구성 방안 연구」, 서울대학교 석사학위논문, 2014, 17면.

한계	필자 의미 구성 과정에 대한 고려 없음	의미 구성 과정이 필자 개인의 인지 활동에 머뭄 / 지식의 전수	구성원 간의 합의 / 창의적 의미 구성 행위로서 쓰기 활동 반영의 결여	현실 불가능한 '이상적 유형' / '무엇'을 쓸 것인가에 대한 활동 결여
교육원리	1950년대~ 1960년대 초반	1960년대 중반~ 1980년대 초반	1980년대 중반~1990년대	
	결과 중심 쓰기 이론	과정 중심 쓰기 이론		

<표 2-1>과 같이, 쓰기 이론은 지식의 인식론에 따라 형식주의 쓰기 이론, 인지적 구성주의 쓰기 이론 및 사회적 구성주의 쓰기 이론으로 변화되었고 쓰기 교육은 쓰기 이론에 따라 크게 결과 중심의 쓰기 교육과 과정 중심의 쓰기 교육으로 이루어졌음을 알 수 있다. 쓰기 이론에서 객관주의와 구성주의를 구분하는 기준은 지식을 바라보는 관점의 차이에 의한 것으로, 지식에 대한 관점이 쓰기 이론에서 받아들여지면서 필자의 의미 구성 방식을 결정하였음을 보여준다.

1.2. 쓰기 교육 논의의 비판적 분석

쓰기 이론은 시대별에 따라 순차적으로 변화된 것은 아나나, 대개 1950년대의 주류였던 형식주의적 관점은 텍스트에 초점을 둔 결과 중심 쓰기 교육에 적용되었고, 1960년대 이후 연구의 주요 흐름이었던 인지 구성주의와 사회 구성주의적 관점들은 필자 중심의 과정 중심 쓰기 교육에 적용되었다.

결과 중심 쓰기 교육에서는 언어 형식을 강조하여 텍스트 결과물에 초점을 둔다. 따라서 쓰기 교육의 목표는 학습자의 텍스트의 질을 개선하는 데 있다. 형식적으로 정확한 텍스트의 산출이 쓰기 교육을 통해 도달해야 할 목표임을 감안할 때 결과 중심 쓰기 교육은 나름대로 충분한 교육적 가치와 의미를 지닌다. 그러나 텍스트 자체의 정확성만 강조하여 의미를 구성하는 과정에서 필자의 역할이나 그 글이 받아들여지는 사회적 맥락과 같은 쓰기 관련 요인들은 제대로 인식하지 못했다는 점에서 한계점이 지적된다.[13] 즉, 결과 중심 쓰기 교육에서는 텍스트의 정확성을 중요하게 보지만 의미에 해당하는 내용과 그 의미를 구성해가는 과정에 대한 고려가 부재한다.

과정 중심 쓰기 교육에서는 쓰기 활동의 주체인 필자에 관심을 두고 쓰기 과정에서 일어나는 필자의 인지적 활동 과정을 중요하게 본다. 따라서 과정 중심 쓰기 교육에서는 필자의 의미 구성을 위한 사고 과정에 초점을 두고 쓰기 과제를 문제로 인식하며 필자의 인지적인 활동을 통해 전략적으로 문제를 해결해야 함을 강조하였다. 필자의 사고를 일정한 형태로 구조화시킬 수 있고 이에 따라 쓰기의 과정을 이성적이고 합리적인 방법으로 도식화하여 전략적으로 해결될 수 있다고 보았던 것이다. 즉, 과정 중심 쓰기 교육에서는 쓰기의 과정을 중요하게 보고 그 과정에서 필자의 의미를 구성하는 활동에 초점을 두었으나 무엇을 구성할 것인가에 대한 논의는 결여되어 있다. 결과 중심 쓰기 교육과 마찬가지로 내용적 측면에 대한 고려가 부족한 것이다.

사회 구성주의적 관점에서는 의미 구성의 주체를 담화공동체로 확장하여 연구하였다. 이때 의미 구성의 주체는 필자가 아닌 필자가 속해있는 특정 담화공동체의 규범 및 관습이다. 이에 따라 쓰기는 필자가 특정

---

13) 노명완 외, 『국어교육학개론』, 삼지원, 2012, 347면.

담화공동체 내의 구성원들에 의해 합의된 규범과 관습을 익히는 것이라고 볼 수 있다. 그러나 사회 구성주의 쓰기 이론은 담화공동체의 규범이나 규칙을 따르는 것을 지나치게 강조하여 쓰기에서 의미 구성의 주체인 필자의 행위를 고려되지 못하였다는 한계를 지닌다. 이와 관련하여 Kent(1989)는 담화 공동체의 규범이나 관습에 따르는 쓰기 모형은 그 구성원들에게 특정 모형을 따르도록 강요한다는 점을 지적한다.

이상에서 논의한 바와 같이, 형식주의 쓰기 이론, 인지 구성주의 쓰기 이론, 사회 구성주의 쓰기 이론에 기반한 결과 중심 쓰기 교육과 과정 중심 쓰기 교육에서는 모두 글의 내용에 대한 고려가 부족하다. 내용 요소가 쓰기 평가에서 가장 중요한 기준임을 감안하면 기존의 쓰기 교육은 글의 내용적 측면을 간과하였다는 점에서 그 한계점을 제기할 수 있다.

국내에서의 한국어 쓰기 교육도 국외의 쓰기 이론의 영향을 받아 결과 중심 쓰기 교육 및 과정 중심 쓰기 교육이 이루어져왔다. 안경화는 '지난 50여 년간의 한국어 쓰기 교육은 초기에는 텍스트 중심의 접근으로 결과 중심 쓰기 교육을 실시하였고, 1990년대 후반부터는 필자 중심의 접근으로 과정 중심 쓰기 교육이 일반화 되었으며, 최근에는 독자 중심의 접근으로 학문적 목적의 글쓰기가 도입되었다'고 하였다. 이는 변화의 과정이 외국어 쓰기 교육 분야의 변화와 유사함을 보여주고 있는 것이다. 이를 통해 한국어 쓰기 교수방법이 외국어 교육 분야의 영향을 받은 것으로 추측하였다.

한편 강명순은 한국어 쓰기 교육 방법의 변화를 전체적으로 정리하면서 '2005년까지의 한국어 쓰기 교육의 초점은 초반의 결과 중심에서 과정 중심으로 옮겨졌고, 점차적으로 학습자 즉, 필자에 초점을 둔 교육으로 발전되었다'고 하였다. 또한 한국어 교육 관련 연구를 전반적으로 살핀 최정순·윤지원은 '2007년 이후 유학생의 급증과 더불어 학문 목적 쓰기 연구가 확대되어 학문 목적 글쓰기로의 편중 현상이 눈에 띄었고, 읽기 등 타 기능과 연계한 쓰기 교육 연구 및 쓰기 전략, 과정 중심 쓰기에 관한 연구가 가장 많았다'고 하였다.

이러한 연구 결과로 볼 때 한국어 쓰기 교육은 형식주의와 구성주의 쓰기 이론의 영향을 받아 이에 따른 다양한 교육 방법을 적용하고 있음을 알 수 있다. 또한 변화의 과정을 볼 때 결과 중심 쓰기 교육에서 과정 중심 쓰기 교육으로 변화가 되었으며, 과정 중심 쓰기 교육과 함께 장르 중심 쓰기 교육 및 기능 통합 쓰기 교육 등 다양한 교육 방법들이 함께 적용되고 있음을 알 수 있다.

그러나 앞서 살폈듯이 결과 중심 쓰기 교육이나 과정 중심의 쓰기 교육에서는 형태적 측면과 쓰기 과정에 초점이 맞추어져 있으므로 필자가 어떤 내용을 어떻게 구성하는지에 관한 고려는 결여되어 있다. 비록 과정 중심 쓰기 교육을 진행함에 있어 쓰기 단계를 계획하기, 내용 생성하기, 내용 조직하기, 표현하기, 수정하기로 분류하고 쓰기를 주제에 관한 내용을 구성하는 일련의 과정으로 보고 있으나 여기에서 다루게 되는 내용의 구성은 대부분 필자의 배경 지식의 활용에 그쳐있다.[14] 필자의 배경 지식은 필자가 쓰기 주제에 관해 가지고 있는 내용 지식의 한 유형에 불과하다. 필자가 쓰기를 수행하는 과정에서는 자신이 가지고 있는 배경 지식 외에도 보다 많은 내용 지식의 활용이 필요하다. 즉, 필자가 좋은 글을 완성하기 위해서는 다양하고 풍부한 내용 지식의 획득과 활

---

14) 원진숙·황정현(1998:387)에서 제시한 쓰기 과정별 전략을 보면, '아이디어 생성하기' 단계에는 ①잘 써야 한다는 생각은 접어두고 자유롭게 브레인스토밍을 하라. ② 독자에게 이야기하라. ③체계를 세워서 주제를 탐색하라. ④폭 쉬면서 계획을 구체화하라는 네 개의 전략이 있고, '아이디어 조직하기' 단계에는 ①자기 나름의 암호어를 확장시켜라. ②아이디어를 요약해서 누군가에게 가르쳐 보아라. ③개념구조도를 구성하라는 세 개의 전략이 있는데, 이러한 전략은 필자 개인의 사전 지식 활용에 그치고 있음을 알 수 있다. 기타 연구에서 제시한 쓰기 전략도 위와 대동소이하다.

용이 필수적이라는 것이다. 이러한 문제는 기존의 결과 중심 쓰기 교육과 과정 중심 쓰기 교육을 통해 해결되기 어렵다.

실제 교육 현장에서 이루어지는 쓰기 교육에 대해 진대연은 한국어 쓰기 교수 학습이 결과 중심 방법과 과정 중심 방법의 혼합형이라고 한 바 있다. 이를 기존의 쓰기 이론에 비추어 본다면 한국어 쓰기 교실에서도 쓰기 내용의 질적 향상을 위한 교수·학습 및 평가가 다소 부족하게 이루어진다고 가늠할 수 있다. 한편 임수진은 한국어 경력 교사들과의 인터뷰를 통하여 한국어 쓰기 수업은 특히 고급 수준의 학습자를 대상으로 하는 쓰기에서 작문 내용 향상의 필요성도 높고 내용 생성 활동을 위한 교사·학습자, 학습자·학습자간 의사소통 구조도 활발해졌으나, 현실적으로는 교실 내 쓰기 활동 시간이 절대적으로 부족하며 진정한 의미에서의 쓰기, 다시 말해 창조적 의미 생성 활동으로서의 쓰기 교수·학습 활동은 일어나고 있지 않음을 확인하였다. 이와 같이 실제적인 쓰기 현장에서도 내용을 효율적으로 구성하기 위한 교육은 제대로 이루어지고 있지 않다. 학습자들의 쓰기 결과물의 질적인 향상을 위해서는 진정한 의미에서의 의미 구성 활동이 이루어져야 하며, 이를 위해서는 내용의 구성에 관한 교육이 쓰기 교육의 일부분으로 자리매김해야 한다.

2. 모국어, 제2언어 쓰기와 내용 지식

2.1. 쓰기 능력과 내용 지식의 관계

쓰기 능력이란 무엇인지는 한마디로 표현하기 어렵다. 쓰기가 문자 언어를 통해 자신의 의사를 표현하여 상대방과 의사소통을 하는 행위라고 하면, 이러한 행위를 할 수 있는 능력을 통틀어 쓰기 능력이라고 할 수 있다. 쓰기 능력에는 문자언어를 정확하게 표현하는 능력, 글의 내용을 구성하고 전개하는 능력 등이 포함된다.

쓰기 능력에는 여러 가지 요소가 포함된다. 이완기(2006)에서는 쓰기 능력의 하위 요소로 아래와 같은 다섯 가지를 들고 있다.[15] 첫째는 글로 쓰는 언어 자체에 대한 지식이고, 둘째는 글을 쓰는 목적에 비추어 글의 내용을 정확하고 폭넓고 깊게 다룰 수 있는 내용 지식이며, 셋째는 독자가 이해하기 쉬운 방식으로 글을 구성하고 조직할 수 있는 과정 지식, 넷째는 글의 문체를 목적에 맞게 선택하여 사용할 수 있는 수사적 지식, 그리고 마지막은 글을 문법과 맞춤법에 맞게 쓸 수 있는 기술적 세부사항에 관한 지식이다. 이 책에서 논의하려는 내용 지식은 쓰기 능력의 두 번째 항목에 해당하는 것으로, 내용 지식은 쓰기를 함에 있어 반드시 갖추어야 할 요소임을 알 수 있다.

쓰기에서 내용 지식은 쓰기에 꼭 필요한 지식 중의 하나로 논의가 되기도 한다. 쓰기 지식이란 쓰기를 수행해 나가는 데에 반드시 필요한 지식이다. 쓰기에 필요한 지식에 관해 Tribble(1996)는 내용 지식, 맥락 지식, 언어 지식, 쓰기 과정 지식 네 가지로 분류하고 있다. 여기에서 '내용 지식'은 필자가 주제 영역에 대해 가지고 있는 지식을 말한다. '맥락 지식'은 누가 글을 읽을 것인지, 어떤 문맥에서 읽혀질 것인지를 파악하는 능력이고, '언어 지식'은 다양한 쓰기 유형에 적절한 철자법, 구문 형태 선택을 통하여 의미를 표현하는 데 필요한 지식이며, 쓰기 과정 지식'은 쓰기 과제에 적절한 쓰기 기술을 가지고 있는가에 대한 내용으로, 특정 쓰기 과제를 수행하는 데 가장 적절한 쓰기 방법을 선택하기 위해 필요하다.[16]

---

15) 이완기, 『영어 평가 방법론』, 문진미디어, 2007, 382면.

이와 같이 쓰기에서 내용 지식은 쓰기 능력의 구성요소로, 또는 쓰기에 필요한 지식 중 하나로 논의되어 있다. 이는 쓰기 과정에서 내용 지식이 필수적으로 요구됨을 의미하며, 또한 매우 중요한 역할을 한다는 것을 보여준다.

쓰기에서 내용 지식은 궁극적으로 글의 내용과 직결된다. 글은 본질적으로 문자 언어로 표현된 의미와 내용의 덩어리로, 글을 쓰는 데 있어 '내용'은 빼놓을 수 없는 중요한 요소이다. 쓰기 과정을 통해 필자가 최종적으로 산출하게 되는 내용은 주제에 관련된 내용 지식이 있어야만 생성이 가능하다. 즉, 내용 지식의 유무가 내용의 질을 판가름하는 중요한 요소인 것이다.

Tribble(2003)은 "내용 지식은 텍스트의 주제 내용에 대한 글쓴이의 이해이다. 내용 지식이라는 어떤 형태가 없다면 글쓴이는 표현할 의미가 없게 된다. 내용 지식이 없이도 언어 학습 연습 문제를 쓸 수 있지만, 글쓴이가 의미 있는 텍스트를 만들어내려고 한다면 설령 그 내용이 전적으로 상상 속의 것이라 하더라도 어떤 형태로든 내용 지식을 갖고 있어야 한다."고 하면서 쓰기에서 내용 지식의 중요성을 강조하였다.

이와 같은 내용 지식은 실제적인 쓰기 수행에서 어떠한 종류의 글을 쓰는지를 막론하고 반드시 필요하다. 지식 기반 없이는 내용 생성이 불가능하기 때문이다. 또한 쓰기 텍스트를 평가하는 기준에 내용 범주가 반드시 포함된다는 사실도 쓰기 위해 필자가 반드시 갖추어야 할 내용 지식의 중요성을 뒷받침한다. 이와 같이 내용 지식은 쓰기 수행과 관련된 필자의 능력 요인이라고 할 수 있다.

---

16) 최연희, 『영어 쓰기 교육론 원리와 적용』, 한국문화사, 2009, 11면.

2.2. 모국어, 제2언어 쓰기에서 내용 지식의 역할

1980년대에 들어서 쓰기 연구에서는 쓰기 주제에 대한 내용 지식이 쓰기 능력을 향상시킬 것이라는 연구가 진행되어 왔다. 국외에서 이루어진 연구는 내용 지식이 쓰기 과정과 성취에 미치는 영향이 대부분 정적 상관관계에 있다는 결과를 얻고 있다.

모국어 쓰기에서 내용 지식에 관한 연구는 주제의 친숙 정도가 내용 생성에 미치는 영향 연구(Means & Voss, 1985; MaCutchen, 1986; Bereiter & Scardamalia, 1987; Caccamise, 1987; Rowan, 1990), 내용 지식이 쓰기 구조에 미치는 영향 연구(Berry, 2001), 내용 지식이 쓰기 과정에 미치는 영향 연구(DeGroff, 1987; Butterfield, Hacker, Plumb, 1994; MaCutchen, 2000) 등 측면에서 이루어졌다.[17]

주제의 친숙 정도가 내용의 생성에 미치는 영향에 관해서는 다음과 같은 연구가 이루어졌다. 먼저 Bereiter & Scardamalia(1987)는 아동을 대상으로 친근한 주제와 덜 친숙한 주제로 쓰는 것을 비교해 본 결과, 친근한 주제로 글을 쓸 때 계획하기 단계에서 더 많은 내용을 생성함을 발견하였다. 또한 Caccamise(1987)에서도 대학생을 대상으로 친숙한 주제와 덜 친숙한 주제를 제시하고 쓰기를 하게 하였다. 그 결과 친숙한 주제에 대해서는 내용을 유창하게 생성한 반면 덜 친숙한 주제에 대한 쓰기에서는 내용을 적게 생성했고 친숙한 주제에 비해 덜 구조화시키고 있음을 알 수 있었다.

한편 McCutchen(1986)에서는 4, 6, 8학년을 대상으로 연구를 진행한 결과, 쓰기 주제에 대해 더 많은 지식을 알고 있는 필자들이 덜 알고 있는

---

17) 이병승, 「필자의 쓰기 주제에 대한 내용 지식이 쓰기 과정과 성취에 미치는 영향」, 고려대학교 박사학위논문, 2014. 최민혜, 「주제에 대한 지식이 글쓰기에 미치는 영향 연구」, 고려대학교 석사학위논문, 2019.

필자들보다 더 좋은 글을 산출함을 알 수 있었다. Means & Voss(1985)는 2, 3, 5, 7, 9학년 필자와 대학생 필자들을 대상으로 주제에 대한 지식이 쓰기에 미치는 영향을 연구하였다. 연구 결과, 학년이 높아질수록 지식을 활용하여 질이 높은 글쓰기를 하였으며, 학년이 낮아지고 수준이 낮아질수록 제한된 지식을 이용하여 질 낮은 글을 생산하였다고 하였다. 또한 Rowan(1990)은 고등학교에서 과학 수업을 받은 횟수와 쓰기의 상관관계를 살핀 결과, 수업의 횟수와 내용 지식의 수준은 비례하였고, 특정 분야에 대한 구체적인 지식이 글의 질을 높이는 데 도움이 된다고 하였다. 이런 결과들은 주제에 대한 주제에 대한 지식이 많을수록 질적으로 좋은 글을 생산해 낼 수 있다는 것을 보여주는 것이다.

Berry(2001)의 연구에서는 내용 지식의 글의 구조와 하위 내용에 미치는 영향을 살펴보았다. 그는 고등학생 필자들을 대상으로 설명하는 글을 각각 쓰게 한 후, 분석적 척도로 평가와 함께 지필 검사를 실시하였다. 그 결과 내용 지식의 양에 따라 고등학생 필자들의 쓰기 과정과 쓰기 질에 차이가 있었다는 결과를 얻었다.

내용 지식이 쓰기 과정에 미치는 연구는 다음과 같다. DeGroff(1987)에서는 초등학생 필자들을 대상으로 사전 지식이 쓰기, 협의하기, 수정하기 과정에 미치는 영향을 연구하였다. 연구 결과 야구에 대한 지식이 많은 학생들이 산출한 글 속에는 지식이 적은 학생들에 비해 게임의 목적과 관련한 정보가 많이 들어 있을 것이라는 가설이 확인되었다. 또한, 야구 지식이 적은 학생들의 사전 지식은 목적과 관계가 적은 정보와 관련성이 높았다.

Butterfield, Hacker, Plumb(1994)는 DeGroff(1987)의 연구를 성인 필자들에게 확장시켜 내용 지식과 고쳐 쓰기의 질이 정적 상관관계가 있음을 증명하였다. 또한 MaCutchen(2000)에서는 친근한 주제와 덜 친근한 주제로 나누어 고쳐 쓰기를 한 결과 중학생과 성인들 모두 친근한 주제로 고쳐 쓰기를 할 때 보다 정확하게 수정하였다고 하였다.

이상에서 살펴본 바와 같이, 모국어 쓰기에서 주제에 대한 내용 지식은 쓰기의 결과뿐만 아니라 쓰기 과정에도 긍정적인 영향을 미치고 있다는 것을 보여준다.

모국어와 제2언어 쓰기는 언어만 다를 뿐 동일한 능력이 요구되므로, 모국어 쓰기 능력이 우수하면 외국어 쓰기 능력도 우수할 것이라고 가정하기도 한다(Cumming, 1989; Zamel, 1983). 그러나 실제 외국어 학습 상황에서는 이 가정이 그대로 적용되지 않는 경우가 많다. Cumming(1981)의 상호 의존 가설(interdependence hypothesis)에서도 알 수 있듯이, 일반적인 외국어 능력 수준이 모국어의 문자 언어 사용 능력의 외국어로의 전이를 방해하기 때문이다.[18]

제2언어 쓰기에서 내용 지식과 관한 연구는 모국어 쓰기에 비해 미흡하게 이루어졌다. 모국어 쓰기에서 내용 지식에 관한 연구들은 내용 지식이 쓰기의 전반 과정에 정적인 영향을 미친다는 결과를 제시하고 있다. 그러나 선행연구를 통해 알 수 있듯이, 제2언어 쓰기에서 내용 지식에 관한 대부분의 연구는 쓰기 주제에 대한 지식이 결과물에 긍정적인 영향을 미친다는 점을 확인하는 데 그치고 있다. Silva(1996)에서 제시한 바와 같이, 제2언어 쓰기는 계획 단계, 유창성, 문법성, 수사적 구성, 어휘의 다양성 측면에서 모국어 쓰기와 다를 뿐만 아니라 목표 설정이나 자료를 조직하는 데 효율성이 떨어진다.[19] 즉, 쓰기에서 형식적 측면 외에 내용적 측면에서도 차이점이 분명히 존재한다는 것이다. 내용적 측면에서의 차이점은 외국인 학습자들의 쓰기 능력을 향상시키기 위한 연구

---

18) 최연희, 『영어 쓰기 교육론 원리와 적용』, 한국문화사, 2009, 19면.
19) Brown, H. D., 권오량, 김영숙 역, 『원리에 의한 교수』, 피어슨롱맨, 2010, 455면.

와 교육에 하나의 중요한 요소로 작용할 수 있다. 따라서 외국인 학습자들의 내용 지식 구성에 대한 연구는 다양한 측면에서 필수적으로 이루어져야 한다.

제 3 장

한국어 쓰기에서의
내용 지식의 기술

한국어 쓰기에서의 내용 지식의 기술

1. 한국어 쓰기에서의 내용 지식

이 장에서는 논의의 중심이 되는 내용 지식이란 무엇이고, 내용 지식을 구성하는 주체는 누구이며, 그러한 주체들이 어떤 단계에 따라 내용 지식을 구성할 수 있는지를 논의하고자 한다.

1.1. 내용 지식의 본질

내용 지식은 일차적으로 필자가 써야 할 글의 주제와 관련하여 알고 있는 모든 지식을 말한다.[1] 쓰기에서 내용 지식은 글을 쓸 때에 필자에게 필수적으로 요구되는 쓰기 지식 중의 하나이며, 학습자가 갖추어야 할 쓰기 능력의 일부로 논의되기도 한다.

---

[1] 최연희, 『영어 쓰기 교육론 원리와 적용』, 한국문화사, 2009, 9~13면.

내용 지식의 개념에 대한 논의는 기존의 명제적 지식에 치우치던 경향을 벗어나, 명제적 지식과 절차적 지식의 측면에서 함께 논의되고 있다.2) 이에 관한 연구를 살펴보면 다음과 같다. 우선 Hillocks(1987)는 내용 지식에는 글의 내용을 표현하는 데 필요한 필자의 선험 지식과 경험 및 기억력이 포함되며, 또한 내용의 표현을 위해 사용할 수 있는 전략이 필요함을 강조하였다. 서수현(2006)에서도 쓰기에서 내용 지식은 특정 절차에서 정보를 어떻게 사용하는지와 상대적으로 지식이 어떤 환경에서 적용되는지에 대한 절차적 지식이 반드시 수반되어야 구현될 수 있음을 강조하였다. 따라서 내용 지식을 "자신이 알고 있는 것을 특정 과제 상황에서 동원할 수 있는 정보, 경험의 총체로서의 지식"으로 정의하고, 자신의 글에 적절한 자료로 전환할 수 있는 전략의 사용을 전제로 해야 한다고 하였다.

이러한 논의를 바탕으로 최은지(2009)에서는 내용 지식을 '기존 지식', '상호텍스트적 지식', '지식통합 지식' 3가지 유형으로 나누어서 제시하고 있다. 이 중 '기존 지식'은 글의 주제에 대해 필자가 이미 알고 있던 지식이고, '상호텍스트적 지식'은 필자가 기존 지식을 바탕으로 자료 수집, 독서, 토론 등을 통해 새롭게 알게 된 지식으로 모두 명제적 지식에 해당한다. 또한 '지식통합 지식'은 글 쓸 내용을 마련하고 그 중 글에 들어갈 내용을 선별하며, 선별된 내용들 간의 연계와 통합을 이루고, 적절하게 배치하는 방식에 대한 지식으로 절차적인 지식에 해당된다. 이러한 구분은 내용 지식의 본질을 보다 더 명확하게 이해할 수 있게 하고, 더 나아가 내용 지식의 구성에 대한 구체적인 논의가 가능하도록 하였다.

한편 윤지원 · 전미화(2013)에서는 내용 지식을 "필자가 쓰기 주제에 관

---

2) Ryle(1949)에서는 인간이 획득할 수 있는 지식을 '~인 것을 아는 것'에 해당하는 명제적 지식(knowing)과 '~을 할 줄 하는 것'인 방법적 지식(knowing how)으로 구분한다.

하여 이미 알고 있는 지식과 새로 알게 된 지식을 포함하여 글을 완성하는데 적합한 내용으로 재구성할 수 있는 지식들의 총체"로 정의하였다. 그리고 내용 지식을 쓰기 주제에 대해 필자가 이미 알고 있거나 경험한 지식인 '기존 지식'과 글을 쓰는 과정에서 참고자료, 동료 또는 교사와의 토론 등을 통해 새로 알게 된 지식인 '상호텍스트적 지식', 알고 있던 지식과 새로 알게 된 지식들이 글을 완성하는데 적합한 내용으로 통합되어 재구성된 지식인 '통합된 지식'으로 나누고, 이런 내용 지식에는 글쓰기에 적합한 내용으로 재구성하여 적절하게 쓸 줄 아는 전략 및 능력인 '전략적 지식'이 전제되어야 함을 강조하였다.

이 책에서 내용 지식에 관한 논의는 기존의 내용 지식에 대한 정의와 분류를 바탕으로 한다. 그러나 기존의 논의에서는 내용 지식을 정의하고 유형화하였으나, 각각의 내용 지식에 대해 간단하게 설명하는 데 그쳤을 뿐, 그들이 실제적인 쓰기에 어떻게 구현될 수 있는지에 관해서는 살펴보지 않았다. 쓰기에서 내용 지식을 효율적으로 구성하기 위해서는 학습자들이 내용 지식의 본질에 대한 이해가 선행되어야 한다. 따라서 본 절에서는 내용 지식을 정의하기에 앞서, 쓰기 과정에서 활용되는 내용 지식들을 기술하여 이로부터 내용 지식의 본질을 알아보고자 한다.

1.1.1. 기존 지식으로서의 내용 지식

기존 지식은 필자의 머릿속에 내재되어 있는, 이미 알고 있던 배경 지식에 해당한다. 언어 교육에서 배경 지식은 선험 지식, 스키마 등 다양한 용어로 사용된다. 배경 지식은 읽기와 쓰기 교육 관련 연구들에서 필요한 지식으로 중요하게 다뤄져 왔으며, 여러 연구들을 통해 배경 지식의 활용이 읽거나 쓰는 데에 영향을 미친다는 점이 증명되었다.

먼저 읽기 교육에서 기존 지식은 스키마로 명명되어 하나의 중요한 이론으로 정립되었다. 스키마 이론은 학습자의 선행 지식과 관련된 것으로 인지심리학에서 비롯되었는데, 과거의 경험을 통해 습득된 정보가 새로운 경험을 해석하는 방법에 영향을 끼친다고 여긴다. 스키마는 지속적으로 기능을 발휘하는 과거 모든 경험들의 조직체이다. 이러한 경험들은 주체에 의하여 끊임없이 상호작용을 하고, 주체가 새로운 경험을 접하게 될 때 새로운 스키마의 일부분이 된다.

읽기에서 스키마는 내용 스키마와 형식 스키마로 구분되며, 독자는 내용 스키마를 바탕으로 텍스트의 의미를 이해하게 된다. 이때 내용 스키마는 각 개인의 두뇌 속에 저장되어 있는 장기 기억으로서의 경험에 대한 개념을 지칭하는데, 이 책에서 논의하려는 '기존 지식으로서의 내용 지식'에 해당한다고 볼 수 있다. 독자가 텍스트에 대한 문화적 스키마를 가지고 있으면 글을 이해하는 데 많은 도움을 받을 수 있다.

쓰기 교육에서도 기존 지식은 쓰기 과정 및 결과물에 영향을 미치는 중요한 요인으로 간주된다. Flower & Hayes(1981)에서는 인지적 쓰기 모형의 구조를 크게 '쓰기 과정', '과제 환경', '필자의 장기 기억'으로 설정하였다. 이 중 '필자의 장기 기억'은 앞으로 쓰게 될 내용이 생성되는 원천으로서, 주제, 독자, 쓰기 계획에 대한 지식을 포함한다. 여기에서 장기 기억은 필자가 쓰기를 할 때 필요한 기존 지식이 되며, 주제에 대한 장기 기억은 곧 이 책에서 논의하려는 '기존 지식으로서의 내용 지식'에 해당된다. 필자는 자신의 장기 기억에서 주제에 적절한 내용 지식을 선별하여 활용하게 되는데, 장기 기억에 저장되어 있는 내용 지식의 양과 활용 방법에 따라 쓰기 결과물들은 질적으로 차이를 보이게 된다.

쓰기에서 내용 지식은 글의 내용과 관련되는 부분이다. 따라서 내용 지식은 본질적으로 개인의 기존 지식과 글의 내용 사이의 공통부분이라고 할 수 있다. 즉, 필자가 가지고 있는 기존 지식 전체가 내용 지식이 되는 것은 아니며, 내용 지식은 필자의 기존 지식 중에서 쓰기의 주제와 직접적으로 연결되는 것이어야 한다. 쓰기를 수행할 때 필자는 자신의 기존 지식 중에서 주제에 관련된 지식들을 찾아내야 하며, 이런 과정을 통해 표상된 지식은 언어로의 표현을 통해 글 내용의 일부분이 된다.

1.1.2. 상호텍스트성에 기반한 내용 지식

쓰기를 함에 있어 필자는 주제에 대해 이미 알고 있거나 경험했던 기존 지식만으로는 한 편의 글을 완성하기가 어렵다. 특히 학문적 글쓰기에서는 주제에 대해 전문적이고 깊이 있는 내용 지식을 활용해야 하므로 필자는 다양한 경로를 통해 보다 풍부한 지식을 획득하여야 한다. 이러한 지식은 일반적으로 다양한 자료의 읽기를 통해 얻게 되는데, 이때 지식의 획득은 상호텍스트성을 기반으로 이루어진다.

상호텍스트성은 간단히 말하여 텍스트 간의 상호관련성이라고 할 수 있다. Beaugrande & Dressler(1981)에서는 텍스트의 구성 조건으로 결속구조, 결속성, 의도성과 용인성, 정보성, 상황성, 상호텍스트성 등 일곱 가지를 제시하였다. 여기서의 상호텍스트성은 텍스트를 이루는 필수적인 요인으로 필자나 독자가 어떤 텍스트를 사용함에 있어서 사전에 경험한 하나 또는 그 이상의 텍스트에 대한 지식에 의존하도록 만드는 요인에 관계된 것이다.[3]

상호텍스트성은 가장 좁은 의미에서 보면 주어진 텍스트 안에 다른 텍스트가 인용문 형태로 나타나 있는 관계라 할 수 있고 넓은 의미에서

---

[3] 김도남, 「상호텍스트성을 바탕으로 한 읽기 지도 방법 연구」, 한국교원대학교 박사학위논문, 2002, 111면.

보면 텍스트와 텍스트, 텍스트와 주체, 주체와 주체 간에 일어나는 상호
관계성을 의미한다고 할 수 있다.[4] 쓰기에서 상호텍스트성은 보편적으
로 참고자료의 활용을 통해 이루어진다. 이때 필자는 참고자료를 읽고
이해한 바를 바탕으로 쓰기에 필요한 내용 지식을 획득할 수 있다. 이런
경우 상호텍스트성은 텍스트와 텍스트, 텍스트와 주체 간의 상호관계를
의미하게 된다. 또한 필자는 담화구성원들과의 협상과 토론을 통해 보다
많은 내용 지식을 획득할 수도 있다. 이런 경우 상호텍스트성은 주체와
주체 간의 상호관계를 의미하게 된다. 따라서 참고자료 혹은 구성원들과
의 협상이나 토론을 통해 획득한 내용 지식은 상호텍스트성을 바탕으로
하며, 획득된 지식은 상호텍스트적인 지식의 성격을 가진다.

필자는 참고자료를 읽는 과정을 통해 다음과 같은 성격의 상호텍스트
적 지식들을 획득할 수 있다. 우선 주제와 참고자료의 내용을 연결시킴
으로써 참고자료 자체에서 주제에 대한 이해를 뒷받침할 수 있는 내용
지식을 획득할 수 있다. 또한 자료의 내용을 그대로 받아들이지 않고 알
고 있던 기존 지식에 근거해서 또 다른 새로운 내용을 창출하게 된다.
첫 번째 유형은 단순히 자료에 나타난 정보를 획득한 경우이고, 두 번째
유형은 필자가 자료에 나타난 정보와 다른 내용 지식을 통합하고 재구
성하여 획득한 새로운 내용 지식이다.

이에 관해 Hartman(1995)에서는 읽기를 위해 단일 텍스트 혹은 다중
텍스트를 참고하는 과정에서 독자의 의미구성은 주로 텍스트 내용 간
연결을 이루는 '관계짓기', 텍스트의 내용과 독자의 배경지식을 연결하
는 '연합하기', 독자가 새롭게 구성한 텍스트와 이미 마음에 있던 텍스
트가 결합되는 '내적 재구성'을 통해 이루어진다고 하였다.[5] 이는 참고

---

4) 위의 논문, 104면.
5) 김도남, 『상호텍스트성과 텍스트 이해 교육』, 박이정, 2003, 131면.

자료를 통해 획득하게 되는 지식이 획득 방법에 따라 본질적으로 차이점을 가지고 있음을 보여준다.

쓰기에서 필자는 상호텍스트성을 바탕으로 상호텍스트적인 지식을 구성하게 된다. 상호텍스트성이 필자와 텍스트 간의 상호작용, 필자와 독자 간의 상호작용, 필자와 담화공동체와의 상호작용이라는 층위에서 발생하는 것으로 볼 때, 필자는 단일 혹은 다중 텍스트를 통해 상호텍스트적 지식을 획득하거나, 필자 자신의 인지적인 활동이나 담화공동체 내에서의 상호작용을 통해 상호텍스트 지식을 구성할 수 있다. 이렇게 구성한 내용 지식의 성질을 살펴보면, 텍스트를 읽거나 담화공동체와의 상호작용을 통해 단순하게 알게 된 지식은 단지 이전 텍스트의 파편들로 이루어진 모자이크에 불과하고, 반면 참고 자료의 내용과 자신의 기존 지식을 연합하거나 담화공동체와의 상호작용을 통해 새로 구성된 내용 지식은 필자의 생각이나 인식이 녹아들어 새롭게 재구성된 지식이라고 할 수 있다.

이와 같이 상호텍스트성을 기반으로 구성된 내용 지식은 그 성질에 따라 두 가지 유형의 지식의 구분할 수 있다. 이 책에서는 전자를 '상호텍스트적 지식'으로 보고 후자를 '통합된 지식'으로 구분한다. 이때 '상호텍스트적 지식'은 글의 주제와 관련한 자료 혹은 협상, 토론을 통해 새로 알게 된 지식을 뜻하고, '통합된 지식'은 필자의 기존 지식과 새로 알게 된 지식을 바탕으로 재구성한 지식과 담화공동체 내의 상호작용을 통해 재구성한 지식을 포함한다.

1.1.3. 방법으로서의 내용 지식

좋은 글을 쓰기 위해서 필자는 주제에 대한 풍부한 지식과 정보를 보유해야 한다. 그러나 필자가 많이 알고 있다고 반드시 글을 잘 쓰는 것은 아니다. 또한 실제적인 쓰기 상황에서 쓰기 주제에 대해 풍부한 내용 지식을 가지고 있는 필자라도 좋은 글의 생산하는 데 어려움을 겪는 경우가 많은 것은 사실이다.

쓰기는 필자가 가지고 있는 내용 지식을 단순히 그대로 표현하는 것이 아니다. 쓰기를 함에 있어 필자는 기존 지식과 상호텍스트성을 기반으로 획득한 지식들을 상호 연결하고 조직하여 한 편의 글을 완성한다. 즉, 필자는 자신이 알고 있는 내용 지식들을 머릿속에서 끄집어내고, 그 내용 지식들을 서로 연결시키고, 부족한 내용 지식을 보충하면서 쓰기를 완성해나가는 것이다. 이러한 지식들은 스스로 연결되거나 보충되어 필자에게 주어지지 않는다. 내용 지식을 구성하기 위하여 학습자는 자신의 머릿속에 있는 기존 지식들을 최대로 끌어내기 위해 활성화하는 과정을 거치며, 인터넷상의 정보나 참고서적을 찾아 읽고 필요한 정보를 선택하는 과정과 쓰기의 주제에 맞게 변형하며 주제에 대한 자신만의 의미를 재구성하는 과정들을 거치게 된다.[6] 따라서 주제에 대한 풍부한 내용 지식을 가지고 있더라도 그것을 적절하게 다룰 수 있는 능력이 부족하면 내용 지식의 구성에 실패하게 된다.

쓰기에서 내용 지식을 효과적으로 구성하기 위해서 필자는 창의적인 사고를 통하여 자신이 가지고 있는 지식과 정보를 최대한으로 활용할 수 있는 능력을 갖추고 있어야 한다. 이는 내용 지식을 어떻게 글에 잘 녹여낼 수 있는가는 문제인데, 이를 위해서는 내용 지식을 구성하기 위한 절차적 지식, 즉, 방법의 활용이 중요하다.

이병승(2014)에서는 글을 쓸 때에 필자는 자신이 알고 있는 지식을 떠

---

6) 전미화, 「인터넷 정보를 활용한 학문 목적 한국어 쓰기의 내용 지식 구성 방안 연구」, 『시학과 언어학』 26호, 시학과언어학회, 2014, 150면.

올리거나 정보의 원천이 되는 텍스트를 읽는 과정 혹은 쓰기 과제에 주어진 글을 읽는 과정을 거치는데, 성숙한 필자나 능숙한 필자일수록 표현하고자 하는 지식을 변형하여 독자의 특성에 맞게 재구성하며, 미숙한 필자일수록 지식 그대로를 서술한다고 하였다. 즉, 글을 쓰기 위해 필요한 내용 지식에는 주제에 관해 필자가 알고 있던 지식이나 읽기를 통해 새로 얻게 되는 지식 등이 포함되며, 좋은 글을 쓰기 위해서는 특히 내용 지식을 구성하는 데 필요한 전략의 활용이 중요하다는 것이다.

이와 같이 방법으로서의 내용 지식은 내용 지식을 어떻게 획득하고 활용할 것인지에 관한 지식으로, 쓰기 과정에서 내용 지식을 구성하기 위해 반드시 숙지하고 익혀야 할 부분이라 할 수 있다. 따라서 내용 지식을 적절하게 활용할 수 있는 방법도 내용 지식의 일부분이 되어야 한다. 결국, 내용 지식의 본질에 관한 이러한 논의들은 내용 지식은 지식의 개념의 틀에 따라 명제적인 지식과 절차적인 지식으로 구분할 수 있고, 필자가 알고 있었거나 알게 된 지식이 주제에 적합한 지식으로 재구성되어야 내용 지식으로서의 가치를 가짐을 시사한다.

이상의 논의를 바탕으로 이 책에서는 쓰기에서의 내용 지식을 필자가 쓰기 주제에 관하여 이미 알고 있던 지식과 새로 알게 된 지식을 활용하여 글을 완성하는 데 적합한 내용으로 재구성할 수 있는 총체적 지식으로 정의하고자 한다. 또한 명제적 지식의 측면에서 '기존 지식', '상호텍스트적 지식', '통합된 지식'으로 세분화하고, 방법적 지식의 측면에서는 기존 지식과 상호텍스트적 지식의 획득, 활용, 재구성에 필요한 방법으로 구분한다.[7]

---

7) 본 연구에서의 내용 지식의 개념과 분류는 윤지원·전미화(2013)에서 제시한 내용에 따른다. 다만 내용 지식의 본질에 대한 설명을 구체적으로 기술함으로써 이를 통해 내용 지식의 개념과 유형을 심층적으로 이해하는 데 초점을 두었다.

1.2. 내용 지식의 구성 주체

쓰기는 필자가 독자 및 담화공동체와의 상호작용을 통해 의미를 생성하고 조직하며 재구성해가는 과정이다. 필자는 쓰기 과정에서 다양한 내용 지식을 구성하게 되는데, 그 과정에서 독자, 담화공동체의 영향을 받거나 그들과 상호작용을 하게 된다. 따라서 내용 지식을 구성해가는 과정에서도 필자, 독자, 담화공동체는 내용 지식을 구성하는 주체가 될 수 있다.

1.2.1. 필자와 내용 지식

필자는 내용 지식을 구성하는 주체 중 가장 능동적인 존재라고 할 수 있다. 필자는 실질적으로 쓰기를 수행하는 주체로서, 일정한 목적을 가지고 쓰기 과정에 참여한다.

쓰는 과정, 즉, 의미를 구성하는 과정에서 필자는 필연적으로 쓰기에 필요한 기존 지식을 활용하게 된다. 또한 기존 지식이 부족하여 쓰기를 진행하는 데 어려움을 느낄 경우 다양한 자료를 읽고 필요한 상호텍스트적 지식을 획득하여 쓰기에 활용하게 된다. 이러한 과정에서 필자는 쓰기 주체로서의 필자와 읽기 주체로서의 독자의 역할을 모두 경험할 수 있다. 쓰기 주체로서 필자는 상황과 독자를 고려하여 텍스트를 생산하게 되고, 읽기 주체로서 필자는 텍스트를 쓴 필자나 상황에 따라 텍스트를 이해하고 이해한 바를 자신의 쓰기에 활용한다.

(1) 쓰기 주체로서의 필자와 내용 지식

쓰기 과정에서 필자들은 능동적으로 계획을 세우고, 목표를 설정하고,

새로운 아이디어들 간의 관계나 유형을 찾아내고, 일단 초고를 써보기도 하고, 이제까지 쓴 글을 평가하기도 하고, 오류를 탐색하기도 하고, 쓰기 과정의 계획 수립 방식이나 문제점을 진단하기도 한다.[8] 이와 같이 필자는 쓰기 전반 과정에서 쓰기를 수행해나가는 가장 능동적인 주체이다.

필자는 쓰기를 이끌어가는 주체인 만큼, 필자가 주제에 대해 어느 정도의 내용 지식을 가지고 있는지, 쓰기에 필요한 내용 지식들을 어떻게 구성해나가는지가 쓰기 결과물의 질에 직접적인 영향을 미치게 된다. 선행연구에서 살펴보았듯이, 쓰기 주제에 관해 충분한 기존 지식을 가지고 있지 않을 경우 그렇지 않은 경우에 비해 산출한 쓰기 결과물의 질이 부족하게 된다. 또한 필자가 내용 지식을 효율적으로 구성하는지 못하는지에 따라 쓰기 결과물의 질도 달라질 수 있다.

쓰기 과정에서 필자가 가지고 있는 기존 지식들은 아무런 변형이 없이 텍스트의 내용으로 되는 것이 아니다. 지식을 언어로 표현하는 과정에서 전반적인 지식 구조에 대한 자동적인 조사가 행해지면 내용과의 관련성이 결정되어야 한다. 또한 표현의 과정에서 화자 또는 필자는 여러 가지 종류의 지식 구조들로부터 필요한 요소들을 찾아내고 결합하여 새로운 사고 단위를 만들게 되는데 이처럼 새롭게 결합된 단위들이 텍스트에서 차지하는 비율이 높을수록 그 텍스트는 보다 창의적인 텍스트가 된다.[9]

Bereiter & cardamalia(1987)은 미숙한 필자와 능숙한 필자가 쓰기 과정에서 지식을 표현하는 양상을 분석하여 쓰기 과정을 두 가지로 모형화 하였다. 하나는 지식 나열 모형이고, 다른 하나는 지식 변형 모형이다. 지식 나열 모형은 쓰기 과제를 표상한 후 주제와 관련하여 자신이 가지고

---

8) 이삼형 외,『국어교육학』, 소명출판, 2000.
9) 노명완 외,『국어교육학개론』, 삼지원, 2012.

있는 내용 지식과 담화 지식을 단순히 나열하는 것을 강조한 모형으로 필자의 의식적인 점검과 통제 행위가 필요 없이 회상해 낸 내용 지식이 주제에 적합한지를 판단하고 텍스트로 표현한다.

이와 반면에 지식 변형 모형은 필자의 의식적인 통제 행위가 강조되면서 내용 지식과 담화 지식을 계속적으로 상호작용하게 함으로써 필자가 알고 있던 기존 지식을 변형시켜 텍스트로 표현하게 된다. 능숙한 필자 일수록 쓰기 전에 계획을 철저히 하며 특히 내용을 어떻게 전개해 나갈 것인지를 중요하게 고려한다. 또한 글을 전개하는 과정에서 자신이 의도하지 않은 방향으로 진행되거나 내용 혹은 글의 구조가 적절하지 않다고 판단될 경우에는 즉각적인 수정을 거쳐 글을 정교화해 나간다.

그러나 모든 필자가 능숙한 필자로서, 쓰기 주체로서의 역할을 제대로 수행하는 것은 아니다. 적극적으로 기존 지식을 활성화하거나 상호텍스트적 지식을 획득하여 활용한 필자는 좋은 내용의 결과물을 산출할 것이고, 기존 지식을 단순 나열하여 쓰기를 완성한 필자는 질적으로 부족한 결과물을 산출할 수밖에 없다. 이러한 원인을 분석해보면 지식의 획득과 변형 및 활용이 어려워서, 즉, 쓰기 기술의 부족함이 가장 큰 이유가 되겠지만, 필자가 쓰기에 대한 태도 역시 큰 원인으로 작용할 수 있다. 쓰기는 원래 어렵다는 편견을 가지고 대충 완성하려는 필자도 존재하기 때문이다. 따라서 글을 잘 쓰기 위해서는 쓰기에 대한 필자의 마음가짐이 가장 우선시되어야 하고, 다음으로 내용 지식을 구성하는 방법을 적극적으로 활용하여 다양한 내용 지식을 구성해야 한다.

(2) 읽기 주체로서의 필자와 내용 지식

필자는 이미 알고 있거나 경험했던 기존 지식만으로는 한 편의 글을 완성하기가 어렵다. 쓰기 과정에서 필자는 다양한 경로를 통해 '상호텍스트적 지식'을 얻을 수 있는데, 이러한 지식은 일반적으로 다양한 정보의 읽기를 통해 얻게 된다. 이 과정에서 필자는 정보를 얻기 위해 자료를 읽고 이해하는 독자가 된다.

읽기는 독자가 자신의 사전 지식과 읽기 기능 및 읽기 전략을 활용하여 텍스트를 읽으면서 필자의 의도와 텍스트에 나타난 정보를 점검·조정하는 측면이 강하다. 여기서 점검·조정은 주어진 텍스트를 바탕으로 하여 적절한 기능이나 전략을 사용하면서 의미를 재구성하는 것이라고 볼 수 있다.[10]

Spivey는 대학생을 대상으로 글쓰기를 위한 읽기를 연구하였는데, 읽기 과정에서 특정한 방식으로 지식이 변형되고 있다는 것을 보여주었다. 그의 연구에 따르면 유능한 독자의 경우 텍스트를 읽고 의미를 구성할 때 능동적으로 정보를 선택해서 관련짓고, 내용을 조직하고 있었다고 한다. 즉, 읽기 과정에서 학습자들은 텍스트의 내용을 그대로 받아들이는 것이 아니라 알고 있는 것에 근거해서 또 다른 내용을 생성할 수 있다는 것이다. 이와 같이 능숙한 독자들은 텍스트와 관련한 자신의 사전 지식을 바탕으로 하여 텍스트의 이면에 담긴 의미를 찾아나간다. 그러나 수동적인 독자는 텍스트 이면에 담긴 의미를 주어진 자료에서만 찾으려고 한다. 즉, 자신의 사전 지식을 바탕으로 의미 구성을 적극적으로 해나가기보다는 낱말 및 문장 단위에서 출발하여 글을 이해하려는 상향식 의미 구성을 해 나간다는 것이다.[11]

한편, 필자는 쓰기 과정에서도 독자가 된다. 일반적으로 독자는 어떤 정보를 수용할 것인지를 결정하는 데에 능동적인 역할을 한다. 독자는

---

10) 이삼형 외, 『국어교육학』, 소명출판, 2000.
11) 이병승, 「필자의 쓰기 주제에 대한 내용 지식이 쓰기 과정과 성취에 미치는 영향」, 고려대학교 박사학위논문, 2014, 27~28면.

글을 읽고 텍스트를 통해 의미를 이해할 뿐만 아니라, 글에는 나타나지 않았지만 자신의 사고를 통해 새로운 의미를 스스로 만들어 내기도 한다. 즉, 필자가 전달하려고 의도한 적이 없는 정보들이 독자들에 의해 이해되어질 수도 있다. 이처럼 독자가 능동적인 역할을 한다는 사실은 필자가 글을 어떻게 써 나가야 할 것인지에 고민해야할 뿐만 아니라 자신이 쓴 글이 독자에 의해 어떻게 읽히게 되는지에 대해서도 관심을 가져야 함을 제시해 준다. 따라서 필자는 자신이 상상하는 독자의 입장에서 자신의 글을 읽고 해석해 볼 필요가 있다.

이와 같이 쓰기를 하는 과정에서 필자는 독자로서의 사고 활동과 필자로서의 사고 활동을 동시에 하게 된다. 이렇듯 쓰기와 읽기의 상호 관련성이 높기 때문에 필자의 읽기 능력은 쓰기에 필요한 내용 지식을 획득하는 데 중요하게 작용한다. 학습자들은 내용 지식을 효율적으로 구성하기 위해 적극적으로 의미를 구성하는 능동적인 필자와 더불어 능동적인 독자가 되어야 한다.

1.2.2. 독자와 내용 지식

독자는 필자와 상호작용을 하며 의미를 구성하는 또 다른 하나의 주체이다. 독자는 필자의 쓰기 행위를 안내하거나 방해하는 역할을 한다는 점에서 쓰기 현상을 구성하는 중요한 요인 중의 하나이다.[12] 쓰기 과정에서 필자가 독자에 대한 예상은 쓰기 결과물에 상당한 영향을 미친다 (Silva, 1996; Tribble, 1996).

필자는 글을 쓸 때 독자의 생각과 독자에게 익숙한 관습을 예측하고

---

12) 박태호, 「장르 중심 작문 교육의 내용 체계와 교수 학습 원리 연구」, 한국교원대학교 박사학위논문, 2000, 84면.

상상하며, 독자는 필자가 쓴 글을 통해 문자로 이루어진 글 이면에 반영되어 있는 필자에 대해 상상한다. 필자는 예상되는 독자들이 무엇을 기대하고, 무엇을 알고 싶어 하는지 등과 같은 고려를 통해 내용을 생성해 내며 이를 위해서 많은 시간을 소비하게 된다. 즉, 필자는 독자들이 기대하고 알고 싶어 하는 '무엇'에 관한 내용 지식을 구성해야 한다는 것이다. 독자에 대한 필자의 고민이 텍스트를 구성 할 내용 지식의 활용에 영향을 주게 되므로, 독자가 요구하는 글을 쓰기 위해 어떤 내용 지식을 선택하고 어떤 방식으로 전개할 것인지에 대한 고민은 확실히 필요하다. 따라서 내용 지식을 구성할 때, 쓰기에서 독자의 역할이 무엇이고 필자로서 고민해야 하는 부분이 무엇인지를 확실히 알아야 한다.

독자는 독자적으로 쓰기에 관여하지 못하고 필자에 의해 쓰기 요인과 어떤 관계를 형성하여 쓰기에 영향을 미친다. 쓰기 과정에서 독자는 필자의 인지 과정 속에 들어와 의사사통을 하게 되는데 독자가 실제로 존재하는가와 필자가 불러서 존재하는가에 따라서 두 가지 종류로 구분할 수 있다. 이에 관해 Ede & Lunsford(1984)에서는 '밝혀진 독자'와 '불러낸 독자'로 제시하였다. 여기에서 '밝혀진 독자'는 필자가 쓰기를 할 때 염두에 두는 실제적인 존재이자 필자가 쓴 글을 실제로 읽는 독자이다. '불러낸 독자'는 현실 속에 실재하지는 않지만, 필가가 쓰기 과정에서 상상하여 만든 독자이다. '밝혀진 독자'를 고려한 쓰기에서는 독자의 성향이나 특성을 비교적 쉽게 파악할 수 있기 때문에 그들이 원하는 내용 지식의 구성이 용이다. 반면 '불러낸 독자'를 고려한 쓰기에서는 독자의 성향이나 특성과 그들이 원하는 바를 추측해야 하므로 내용 지식의 구성도 다양한 측면에서 이루어져야 한다.

능숙한 필자일수록 독자를 고려한 쓰기 능력이 발달한다. Zainuddin와 Moore(2003)에 따르면 능숙한 필자는 지속적으로 독자의 반응을 예상하며 글을 쓰지만, 미숙한 필자는 누군가를 위해 글을 쓴다고 생각하지 않으며, 타인의 관점으로 자신의 의견을 평가하는 능력이 떨어진다. 또한 Tribble(1996)에서는 해당 언어 체계를 완벽하게 구사하지 못하는 외국인 필자일지라도 독자와의 관계를 형성하고자 하는 의지가 있다면 쓰기에 성공할 가능성이 높아진다고 하였다.

독자를 고려한 쓰기에는 독자를 고려한 내용 지식의 구성도 포함된다. 따라서 학습자들은 쓰기에 필요한 기존 지식을 활성화거나 상호텍스트적 지식을 획득할 때, 또는 이러한 지식들을 선별하여 실제적 쓰기에 활용할 때 단순히 자신이 주관적인 판단에만 의존하지 않고 독자에 대한 고려를 전제로 독자가 원하는 내용 지식을 구성할 수 있어야 한다.

1.2.3. 담화공동체와 내용 지식

쓰기 과정에서 필자는 자신이 직접 쓰기의 주체가 되어 의미를 구성하거나, 또 다른 의미 구성 주체인 독자와의 의사소통을 통해 의미를 구성한다. 쓰기 과정에서 필자, 독자와 함께 의미를 구성해가는 주체로는 담화공동체가 있다. 사회 구성주의 쓰기에서 의미 구성 행위의 주체는 개인이 아닌 담화공동체로 간주된다. 따라서 개개인은 혼자서 의미를 구성하는 것이 아니라 담화공동체 구성원들과의 사회적 상호작용을 통해 의미를 구성하게 된다.

앞서 살핀 바와 같이, 담화공동체는 같은 언어적 관습과, 같은 세계관과 경험에 대한 규범적인 지식을 공유한 사람들의 집단이다. 예컨대, 학문적 상황에서 한 교실 내에서 교수·학습하는 교사와 학습자들은 하나의 담화공동체를 이룰 수 있으며, 이때 교사와 학습자 개개인은 담화공동체의 구성원이 된다. 따라서 교실 내에서의 교사와 학습자 간, 학습자들 간에 이루어지는 상호작용을 통해 교사와 학습자는 그 공동체 특유의 지식을 구성하게 되고, 또 그러한 지식을 공유하게 된다.

쓰기 상황에서 필자는 주어진 과제에 관해 담화공동체 구성원들과 상호작용을 하면서 내용을 생성하고 글을 써 나갈 수 있다. 이때 담화공동체 구성원들은 필자와 함께 협상하고 서로 피드백을 주면서 의미를 구성해가는 주체이기도 하고, 한편으로는 필자가 글을 쓰면서 고려해야 할 예상 독자이기도 하다. 담화공동체와의 상호작용을 통한 쓰기에서 협상하기는 하나의 쓰기 전략으로서 중요하게 활용된다. 이때 협상하기는 의사소통 행위를 뜻하며, 필자는 구성원들과의 내적 대화와 외적 대화를 통해 사고의 정리, 사고력 신장 등을 실현할 수 있다.

이와 같은 쓰기 과정을 통해 필자는 구성원들 간의 협상을 통해 주제에 관한 풍부한 내용 지식을 창출해내고, 주제를 뒷받침하는 내용 지식을 상황에 맞게 선택하며, 선택한 내용 지식을 적절한 맥락에서 정확하게 진술하고, 필자의 관점을 분명하고 논리적으로 제시하여 타당하고 설득력 있는 결과물을 산출할 수 있다.

1.3. 내용 지식의 구성 단계

필자는 주제에 대해 알고 있는 기존 지식을 활성화하고, 그 중에서 필요한 지식을 선별하고, 부족한 지식을 보충한 후 이들을 논리적으로 조직화하여 한 편의 글을 완성한다. 따라서 쓰기에서 내용 지식을 구성하는 단계는 쓰기에 필요한 내용 지식을 창출하는 단계, 이러한 지식 중에서 적절한 내용 지식을 선별하는 단계, 선별한 내용 지식들을 논리적으로 조직하는 단계로 구분할 수 있다.

이 책에서는 쓰기에서 필요한 내용 지식을 창출하고 선별하여 조직하는 과정을 내용 지식의 구성 과정에 포함시킨다. 그 이유는 내용 지식의 창출과 조직, 내용 지식의 선별과 조직은 서로 밀접하게 연관되어 있어 서로 뗄 수 없는 관계이기 때문이다. 내용을 창출하는 과정은 창출된 내용들 사이의 관계를 기반으로 이루어지고, 역으로 창출된 내용들을 조직하는 과정에서 새로운 내용이 창출된다. 이와 같은 유기적인 관계로 인해 쓰기에서 내용 지식은 순차적인 아닌 회귀적이며 복잡한 단계를 거쳐 구성된다.

1.3.1. 내용 지식의 창출

내용 지식을 창출하는 과정은 글을 쓰는 데 필요한 내용 지식, 즉, 글감을 마련하는 과정이다. 쓰기에서 내용 지식의 창출은 효과적인 쓰기를 위한 가장 기초적인 활동이다. Murray(1985)은 효과적인 쓰기란 특정한 정보를 과잉 생성하는 것이라고 하였다. 필자가 주제에 관해 갖고 있는 정보가 충분하면 필자는 쓰기 과정에서 정보가 필요할 때마다 가져다 사용할 수 있기 때문이다. 반면 주제에 대해 갖고 있는 정보가 부족하면 필자는 필요한 정보를 즉각적으로 창출해내야 하는 어려움을 겪게 된다.

쓰기를 수행하기 전에 필자는 주어진 주제에 대하여 깊이 있게 생각함으로써 필요한 내용 지식을 창출해낸다. 이때 필자는 자신이 알고 있던 기존 지식을 인출하거나,[13] 자신의 경험이나 타인의 경험을 바탕으로 내용 지식을 창출할 수 있으며, 객관적인 자료를 통해 주제에 관련된 내용 지식을 창출할 수도 있다.

---

13) 이 책에서는 필자가 머릿속에 있는 기존 지식을 끄집어내는 것을 인출이라는 용어로 표현하고자 한다. 이때 내용 지식의 인출은 기억된 정보를 사용하기 위해 기억에서 정보를 꺼내는 것을 뜻한다.

또한 쓰는 과정에서도 새로운 내용 지식이 창출된다. 이때 필자는 이미 창출한 내용 지식이나 작성된 텍스트를 바탕으로 새로운 내용 지식을 보충하여 내용 지식들을 연계시키면서 전개해 나간다. 이 과정에서 창출되는 내용 지식은 대개의 경우 불확실한 것이며, 복잡하고 혼란스러운 것이다. 따라서 필자는 창의적이고 비판적인 사로를 바탕으로 이와 같은 내용 지식들의 활용가능성을 판단하고 이들을 잘 연결시켜야 좋은 쓰기 결과물을 산출할 수 있다.

이와 같이 쓰기에서 내용 지식을 창출하는 일은 쓰기를 시작해서 끝날 때까지 모든 과정에서 이루어진다. 이 과정에서 필자의 사고 활동은 내용 지식을 효과적으로 창출하는 데 중요한 역할을 한다. 필자가 쓰기 주제에 대해 미리 탐구하지 않는다면 쓰기 과정은 필자의 기존 지식과 경험을 나열하는 작업에 불과할 것이다.

쓰기 과정에서 내용 지식을 창출하는 방법은 개인에 따라 다를 수 있다. 글을 쓰기 전과 쓰는 과정에서 필자는 주어진 주제와 관련되는 세부적인 내용 지식을 창출하기 위해서 주제를 해석하고, 주제를 구성하는 요인들을 각각의 관계에 따라 분류하기도 한다. 또한 주어진 주제와 다른 주제를 비교하거나 대조함으로써 주제의 특성을 구체적으로 밝히기도 하고 주제에 관해 발생할 수 있는 일련의 문제를 생각하고 그 문제의 원인 혹은 결과를 규명하기도 한다.

또한 내용 지식의 창출은 주제에 따라 다를 수도 있다. 친숙할 주제일 경우, 학습자는 주제에 대한 사전 지식이 비교적 많을 것이며 따라서 사전 지식만을 활용해도 충분히 쓰기를 완성할 수 있다. 반면 주제가 어렵고 복잡할 경우, 필자가 가지고 있는 사전 지식은 제한이 있으며 이로 인해 쓰기를 할 때 정보의 부족함을 느낄 수 있다. 이런 경우 쓰기를 하는 과정에서 필자는 쓰기 전에 생각하지 못했던 주제에 관한 내용 지식이나 하위 주제에 대한 또 다른 내용 지식을 창출해 내야 한다.

1.3.2. 내용 지식의 선별

내용 지식의 선별은 필자가 쓰기를 수행하기 위해 창출한 내용 지식 중에서 어떤 것을 실제로 활용할 것인지를 결정하는 것이다. 필자가 쓰기를 위해 창출한 내용 지식은 수없이 많다. 그러나 이러한 내용 지식들이 모두 쓰기에 활용되는 것은 아니다. 즉, 쓰기에서 주제와 관련된 내용 지식들이 과잉되어 창출되므로, 필자는 쓰기 목적에 따라 활용할 수 있을 만한 내용 지식과 필요 없는 것을 구별하는 과정을 거쳐야 하는 것이다. 실제로 활용할 내용 지식을 적절하게 선별하는 것은 글의 질에 중요한 영향을 미친다. 내용 지식이 창출이 내용 지식을 구성하는 전반 과정에서 이루어진다는 것을 고려하면, 내용 지식의 선별도 전반적인 구성 과정에서 이루어진다는 것을 알 수 있다.

필자가 쓰기를 시작하기 전에 창출한 내용 지식은 아직 다듬어지지 않은 것이기 때문에 내용 지식들 사이에 긴밀한 연관성이 없으며, 그들의 관계 또한 명확하지 않다. 창출된 내용 지식을 바탕으로 필자가 가장 먼저 고민해야 할 것은 어떤 것을 활용할 것인지, 또 어떻게 활용할 것인지를 정하는 것이다. Grabe(2003)에서는 읽기 자료의 정보를 바탕으로 쓰기를 할 때, 자료 속의 정보의 선별함에 있어 얼마나 많은 정보를 선별할 것이며 어떤 정보를 선별할 것인지, 또 선별한 정보가 쓰기 과제와 필자의 목적에 적합한 것인가를 고려해야 한다고 하였다. 이러한 문제는 필자가 창출한 내용 지식을 선별할 때에도 적용될 수 있다.

한편 박영목(2008)에서는 글의 제재14)를 선정하는 과정에서 필자가 유

---

14) 박영목(2008)에서는 필자가 글을 쓰는 데 직접 사용하기 전의 재료는 소재로, 실제로

의해야 할 사항을 다음과 같이 제시하였다. 첫째, 글의 제재를 선정할 때에는 글을 쓰는 구체적인 목적을 달성하는 데 도움이 되는 내용을 선정해야 한다. 둘째, 글의 제재를 선정할 때에는 독자의 흥미를 고려하여 내용을 선정해야 한다. 셋째, 글의 제재를 선정할 때에는 정확하고 확실한 내용을 중심으로 선정해야 한다. 넷째, 글의 제재를 선정할 때에는 내용과 내용 사이의 관계를 따지면서 체계적으로 선정해야 한다. 이는 내용 지식의 선별 과정에서도 똑같이 고려해야 할 사항이다.

이와 같이 글에 활용할 내용 지식은 글의 주제와 연관되어야 하고 주제를 적절하게 표현할 수 있어야 하며 독자들이 원하는 것이어야 한다. 즉, 쓰기에서 내용 지식을 선별할 때에는 일차적으로 주제에 알맞은 것인지, 쓰기에 필요한 것인지를 고민해야 하고, 이차적으로 어떠한 내용 지식을 활용할 것인가와 어떻게 쓰기에 활용할 것인가를 고민해야 한다.

쓰기에 활용할 수 있는 내용 지식을 효과적으로 선별하기 위해서 필자는 비판적인 사고를 바탕으로 내용 지식의 활용 가능성을 판단해야 할 수 있어야 한다. 또한 내용 지식들 간의 위계 관계를 명확히 파악하고 그 관계를 바탕으로 상위 수준의 내용 지식을 선별하고 그것을 뒷받침할 수 있는 하위 수준의 내용 지식을 선별해야 한다. 그런 점에서 내용 지식을 선별하는 과정은 필자가 능동적이고 주체적인 관점을 바탕으로 창출한 내용 지식 평가하는 과정이 되기도 한다.

1.3.3. 내용 지식의 조직

주제에 적합한 내용 지식을 창출하고 선별한 후에는 이를 전반적인

사용되는 재료를 제재로 구분하여 제시하였다. 또한 각각의 제재가 글 전체에서 어떠한 역할을 하느냐에 따라 일반 제재와 종속 제재로 나누고, 종속 제재와 각 제재들 사이의 관계에 따라 1차 종속 제재, 2차 종속 제재로 나누었다.

글을 완성할 수 있는 흐름에 따라 적절하게 조직하는 과정을 거치게 된다. 내용 지식의 조직은 창출하고 선별한 내용 지식을 적절하게 배열하고 전개하는 과정이다. 좋은 글을 작성하기 위해서 좋은 내용 지식을 창출하는 일은 매우 중요하다. 그러나 좋은 내용 지식을 창출하였다 할지라도 적절하게 조직하지 못한다면 결코 좋은 결과물을 산출할 수 없다.

글을 조직하는 능력은 필자가 머릿속에서 글을 어떤 내용으로 써 나갈 것인지 계획을 세우고 그에 따라 내용들을 조직적으로 생성해 내는 능력과 생성한 내용들 사이의 관계가 잘 드러나도록 조직적으로 생성해 내는 능력을 포함한다.[15] 즉, 내용 지식의 조직은 이미 창출되고 선별된 지식을 조직하는 것뿐만 아니라, 지식을 창출하고 선별하는 과정도 그들의 위계 관계를 바탕으로 이루어진다는 것이다. 이와 같이 내용 지식의 창출과 선별은 조직과 서로 밀접하게 연관되어 있다. 따라서 내용 지식의 조직은 내용 지식을 창출하고 선별하는 단계에서 모두 이루어진다.

글은 형식적인 구조에만 맞게 쓴다고 되는 것이 아니다. 예컨대, 이야기 글을 쓸 때 필자는 주어진 시간의 순서에 따라 사건을 나열하기만 하면 되는 것이 아니다. 어떠한 사건이 상대적으로 더 중요하고 더 비중있게 다뤄야 하는지를 판단하고 결정하는 것은 쓰기에서 핵심적인 결정 사항이 되며, 이는 구조가 아닌 내용과 깊은 관련이 있다. 또한 논리적인 글을 쓸 때에 필자가 자신의 생각을 명확하게 제시하고 강하게 주장한다고 하여 글이 논리적이 되는 것이 아니다. 필자의 주장을 뒷받침할 수 있는 근거들을 충분하게 제시해야 되는데 어떤 근거들을 제시할 것인지를 결정하는 것도 아주 중요하다. 즉, 쓰기에서 내용 지식을 조직함에 있어 내용 지식 간의 관계를 잘 파악하여 어떤 내용 지식을 강조하여

---

15) 이성영, 「텍스트 조직 능력의 유형에 대한 연구-초등학생을 중심으로-」, 『국어교육』 115호, 한국어교육학회, 2004, 222면.

제시할 것인지, 어떤 내용 지식을 주제문으로 사용하고 어떤 것을 뒷받침 문장으로 사용할 것인지 등에 대한 충분한 고민이 이루어져야 한다.

　내용 지식의 조직은 내용 지식을 전체적인 글에서 어떤 순서로 배열할 것인지, 즉, 구성에 관한 것과 문단 내에서 중심 내용과 세부 내용들을 어떻게 배열할 것인지, 즉, 전개에 관한 것으로 구분할 수 있다. 내용 지식을 조직함에 있어서는 글이 구성 원리인 통일성, 일관성, 완결성을 반드시 고려해야 한다. 주제의 통일성이란 글의 주제와 그것을 뒷받침하여 서술하는 모든 내용들은 의미적으로 일치를 이루어야 한다는 조건이다. 다시 말하면 주제에 관련이 없는 내용 지식이 글에 포함되어 있어서는 안 된다는 것으로, 이는 내용 지식을 선별할 때의 기준이 된다. 통일성을 갖추기 위해서는 글 전체의 주제와 이를 뒷받침할 수 있는 하위 주제들을 선택해야 한다. 하위 주제가 글 전체의 주제와 연관성이 없거나 글의 주제에 비해 상위 개념일 경우 그 글은 통일성을 잃게 된다.

　일관성이란 한 편의 글을 이루는 여러 문단이나 문단을 이루는 여러 문장들이 서로 긴밀한 결합력을 가지고 있는 성질을 말한다. 통일성의 원리가 쓰기에 알맞은 재료를 선택하는 데에 관한 원리라고 하면, 일관성의 원리는 선별한 내용 지식을 논리적이고 적절하게 배열하는 방식에 관한 원리이다. 일관성을 갖추기 위해서는 여러 가지의 규칙을 지켜야 한다. 노정규(2005)에서는 Charolles(1978)가 작문 교육의 지침으로 적용한 네 가지 메타 규칙을 바탕으로 텍스트의 일관성을 분석하였다. 그 규칙으로는 반복 규칙, 진전 규칙, 비모순 규칙, 관계 규칙이다. 반복 규칙은 한 텍스트가 미시적인 측면과 거시적인 측면에서 일관성을 가지기 위해서 텍스트를 전개해나가는 과정에서 반복되어 나타나는 요소가 있어야 한다는 것이다. 이 규칙은 대개 공지시(co-référence) 관계를 이루는 대명사화, 한정화, 문맥적 지시 작용, 어휘 대체, 전제 회복과 추론의 지속 등의 다양한 언어적 수단에 의해 이루어질 수 있다. 진전 규칙은 주제의 진전 즉, 텍스트가 미시적인 측면과 거시적인 측면에서 일관성을 가지려면, 의미를 전개하는 과정에서 끊임없이 새로워지는 새로운 요소들이 있어야 한다는 것이다. 비모순 규칙은 한 텍스트가 미시적인 측면과 거시적인 측면에서 일관성을 갖추려면 그 전개 과정에서 새로 나타나는 요소들은 선행된 내용이나 전제 혹은 추론을 통해 이끌어낼 수 있는 모든 내용에 모순되지 말아야 한다는 것이다. 관계 규칙은 텍스트가 일관성을 갖기 위해서는 표상(représentation)의 세계 속에서 지시하는 사실들이 서로 연관되어야 한다는 것이다.[16]

완결성은 한 편의 글이나 문단은 하나의 완결된 생각을 온전하게 드러내야 한다는 것이다. 완결성은 필요한 내용을 빠짐없이 서술하여야 한다는 것으로서, 불필요한 내용을 배제하기 위한 통일성에 반해 필요한 내용의 포함을 위해 존재한다. 글에서 완결성을 갖추기 위해서는 글의 주제를 표현하기 위한 문단과, 각 문단의 주제문을 뒷받침할 수 있는 문장들이 충분하게 제시되어야 한다.

쓰기 과정에서 창출되고 선별된 내용 지식을 효과적으로 조직하기 위해서는 위에서 제시한 기준에 따라 내용 지식을 배열하고 전개해야 한다. 내용 지식을 적절하게 조직해야 통일성, 일관성, 완결성을 갖춘 좋은 글을 산출할 수 있다.

---

16) 노정규, 「텍스트의 일관성(cohé>rence textuelle) 관점에서 본 불어 작문 : 대학생의 작문 사례 분석」, 한국외국어 대학교 박사학위논문, 2005, 26~31면.

2. 한국어 교재에서의 내용 지식 구성 활동

본 절에서는 한국어 쓰기 교재를 분석하여 내용 지식의 구성에 관한 활동을 살펴보고 이에 대해 기술하고자 한다. 쓰기 교육에서 내용 지식의 구성에 대한 교육이 본격적으로 이루어질 수 있는 대상은 중급 이상의 학습자들이다. 따라서 교재를 선정함에 있어서 우선 내용 지식의 구성 능력이 가장 필요한 학문 목적 학습자 대상의 쓰기 교재와 일반 목적 학습자 대상의 쓰기 교재를 선정하였다. 그리고 시중에 나와 있는 여러 교재 중에서 대학교 부설 언어 교육기관에서 사용되는 교재, 즉, 통합 교재를 선정하였는데 그 중에서도 하나의 완성된 텍스트로서의 쓰기를 요구하는 즉, 작문에 대한 교육을 하고 있는 교재를 선택하였다.

통합 교재와 학문 목적, 일반 목적 쓰기 교재에 제시되는 쓰기 활동은 학습자들의 쓰기 능력을 향상시킨다는 점에서 목표가 동일하다. 따라서 내용 지식의 구성에 관한 활동도 이러한 목표를 달성할 수 있는 활동이어야 하므로 동일한 기준에서 분석이 가능하다고 보았다. 이런 점을 감안하여 이 책에서는 아래와 같은 교재를 분석하였다.

〈표 3-1〉 분석 대상 한국어 쓰기 교재

		교재명	저자	출판년도
1	통합교재	이화한국어 5	이정연 외	2012
2		이화한국어 6	이수행 외	2012
3	일반 목적 쓰기 교재	「한국어 중급 I 쓰기」	연세대학교 한국어 학당	2008
4	학문 목적 쓰기 교재	글쓰기의 기초	장향실 외	2010
5		글쓰기의 실제	신윤경 외	2011

이 책에서는 쓰기에서 내용 지식을 어떻게 구성할 것인지에 초점을 두었기 때문에 분석 범위를 내용 지식에 제한할 것이다. 따라서 쓰기 교재에서 추구하려는 목표가 무엇이고, 내용 지식에 관하여 어떤 활동을 다루고 있는지를 기준으로 살펴본다.

2.1. 통합 교재

2.1.1. 통합 교재의 전반적인 구성

「이화한국어 5」와 「이화한국어 6」의 안내 부분을 보면 이 교재는 의사소통을 중심으로 한 교재로, 네 가지 언어 기능의 균형 있는 발전을 유도하면서도 특히 말하기 능력을 강화하도록 고안되었다. 따라서 말하기 · 듣기 · 읽기 · 쓰기가 통합되어 있고 초급부터 고급까지 연계적으로 구성되어 있으며, 쓰기 부분에 대해서는 Part를 따로 설정한 후 여러 가지 활동을 통해 연습이 이루어지도록 하였다.

두 교재는 각각 10개 단원으로 구성되고, 각 단원은 3개 Part의 활동이 있으며, 각 Part의 활동을 통해 네 가지 기능을 통합한 활동을 통해 한국어 능력을 향상시키고자 하였다. 교재의 단원 구성은 다음과 같다.

[그림 3-1] 「이화한국어 5, 6」의 단원 구성

각 단원의 구성을 살펴보면 첫 페이지에서는 단원의 학습 내용과 목표를 제시하고 있다. 활동 부분인 Part1에서는 '준비합시다', '들어봅시다', '말해봅시다' 활동을 제시하여 듣기와 말하기의 통합이 이루어지고 있고, Part2는 '준비합시다', '읽어봅시다', '써 봅시다'로 구성되어 읽기와 쓰기의 통합이 이루어지고 있으며 마지막 Part3는 '토론해 봅시다'와 '어휘 확장, 속담'으로 구성되어 고급 수준의 말하기인 토론에 대한 활동을 제시하고 있었다.[17] 즉, 활동 부분이 기능별에 따라 따로 제시되어 있는 것이 아니라 통합되어 있는 것이 이 교재의 특징이라고 할 수 있다.

이 중 쓰기에 관한 활동은 Part2에 속해있는데 문법 활동과 함께 읽기 활동을 전제로 하고 있다. A1 교재에 제시되어 있는 단원 제목과 Part2 부분의 읽기와 쓰기 과제는 다음과 같다.

〈표 3-2〉「이화한국어 5」의 구성

단원	제목	쓰기와 관련된 읽기	쓰기
1	언어와 생활	사투리의 특징을 소개하는 설명문 읽기	자국의 사투리를 소개하는 설명문 쓰기
2	현대인과 건강	동안 열풍의 원인을 분석하는 칼럼 읽기	건강하게 사는 비결에 대한 연설문 쓰기
3	역사와 인물	책의 역사를 기술하는 설명문 읽기	유물 전시회를 알리는 홍보문 쓰기
4	과학과 기술	스마트 기술을 소개하는 잡지 기사문 읽기	미래의 신문 기사문 쓰기
5	현대 사회와 개인	현대 사회에서 쉼의 중요성을 강조하는 칼럼 읽기	현대의 사회상을 반영하여 우화 개작하기
6	문화와 상징	밥을 통해 본 한국 문화를 소개하는 설명문 읽기	음식 문화 차이에 대한 투고문 쓰기

---

17) 읽기 활동에서는 설명문, 칼럼, 기사문, 비평문, 투고문, 시, 수필 등 과제를 연습하도록 되어 있고, 쓰기 활동에서는 연설문, 홍보문, 기사문, 우화, 수필, 시 등 과제를 연습하도록 되어 있다.

7	자연과 환경	자연에 대한 수필 읽기	자연에 대한 수필 쓰기
8	매체와 사회	영화의 경제적 파급 효과를 알리는 잡지 기사문 읽기	영화평 쓰기
9	경제와 소비 생활	변화된 소비자의 모습을 소개하는 설명문 읽기	상품 정보를 제공하는 사용 후기 쓰기
10	예술과 문학	한국의 시 읽기	모방 시 쓰기

　<표 3-2>와 같이 「이화한국어 5」에서는 각 단원의 주제를 중심으로 읽기 활동과 쓰기 활동을 진행하고 있다. 읽기, 쓰기 활동은 단원 주제와 관련이 있으나 읽기와 쓰기는 서로 관련이 있는 것도 있고 없는 것도 있다. 따라서 읽기와 쓰기 활동을 하나의 Part에 구성한 이유가 읽기·쓰기 통합을 위한 것으로 보기 어렵다.

　예를 들어, 1과의 주제는 '언어와 생활'로, 읽기와 쓰기 활동이 모두 한국어 사투리를 소개하는 설명문을 읽고 쓰도록 구성되어 있다. 즉, 읽기 자료의 구조와 그 자료를 통해 얻은 정보를 활용하여 쓰기를 수행할 수 있는 것이다. 그러나 2과에서 제시된 읽기 활동과 쓰기 활동은 단원 주제와 관계가 없어 보인다. 2과의 주제는 '현대인과 건강'으로 읽기 활동에서는 '동안 열풍의 원인'에 대한 칼럼을 자료로 제시하고 있다. 동안이 될 수 있는 원인의 하나가 건강이라고 본 것이다. 그러나 읽기 자료에는 '동안 외모가 경쟁력', '동안 성형' 등이 제시되어 있어 건강보다는 외모지상주의에 관한 자료로 더 적절하다고 본다. 이 외에 1과에서 제시한 쓰기 활동은 바로 앞에서 제시한 자료와 관계가 있는 쓰기였으나, 2과의 쓰기 활동에서는 '건강하게 사는 비결'에 대한 연설문 쓰기라는 과제가 제시되어 '동안 열풍' 주제의 읽기 자료의 장르와 큰 차이가 난다고 할 수 있다.

또한 8과에서는 '매체와 사회'라는 주제로, 읽기 활동에서는 영화가 사회에 주는 영향에 대한 기사문이 제시되고 있다. 따라서 쓰기 활동에서도 영화 혹은 기타 매체가 사회에 주는 영향에 대해 쓰는 것이 적합할 것이나, 영화평을 쓰는 과제가 제시되어 있어 매체와 사회의 관계를 잘 나타낼 수 있는 쓰기인지 의문이 들게 한다.

「이화한국어 6」의 전반적인 구성도 「이화한국어 5」와 비슷하였다. 단 쓰기 활동에 있어 Part3에서의 기존의 토론 활동이 실제적인 과제 활동으로 바뀌었다. 이 외에 「이화한국어 6」에 제시되어 있는 단원 제목과 Part2 부분의 읽기와 쓰기 과제는 이화한국어 5」와 대동소이한 양상을 보여주므로 구체적인 내용의 제시는 생략하도록 한다.

2.1.2. 통합 교재의 쓰기 활동

교재에 제시된 쓰기 활동에 관해서는 내용 지식의 구성에 관한 활동이 제시되어 있는지, 어떻게 제시되었는지를 분석할 것이다. 두 교재에 제시되어 있는 Part2 부분의 쓰기 활동은 다음과 같다.

〈표 3-3〉「이화한국어 5, 6」의 쓰기 활동 유형

활동	이화한국어 5	이화한국어 6
1	글의 구성에 대해 알아보기	글의 구성에 대해 알아보기
2	주제에 대해 알고 있는 내용 이야기하기	주제에 대한 자신의 의견 및 근거 작성하기
3	글의 개요 작성하기	글의 개요 작성하기

먼저 〈표 3-3〉을 통해 알 수 있는 것은 두 교재에서 제시된 쓰기 활

동이 모두 세 가지 유형으로 활동의 유형과 양이 아주 적으며, 그 중 1, 3은 글의 구조에 대한 동일한 유형의 활동이고 2유형은 학습자의 사전 지식과 의견을 활성화하는 활동이라는 것이다. 2유형의 활동을 구체적으로 보면 「이화한국어 5」에서는 학습자들이 주제에 대해 알고 있는 내용을 이야기하는 데 그치고 있으나, 「이화한국어 6」에서는 학습자들의 주장이나 생각을 표현하는 활동에 초점을 두고 있음을 알 수 있다. 즉, 5급 교재에서는 내용 지식의 창출을 중요하게 다루지만 6급에서는 내용 지식이 통합을 다루는 데 초점을 둔다는 것이다.

구체적으로 살펴보면, 1유형의 활동은 글의 구성에 대해 알아보는 것으로, 쓰기 장르에 초점을 두어 학습자들이 장르별 쓰기의 구조를 익히도록 하는 데 목적을 두고 있다. 또한 모범적인 글을 제시해주고 서론-본론-결말에 따라 구분한 후, 각 문단에서 표현하려는 중심 내용을 제시해주어 글의 내용을 잘 이해하도록 도와준다. 그러나 주제 관련 내용 지식들을 서론-본론-결말에 따라 어떻게 배열할 것인지에 대한 구체적인 활동은 제시되어 있지 않다. 즉, 내용 지식의 조직화에 대한 세부적인 활동이 부족하다는 것이다. 한 편의 글을 예시로 글의 형식과 문단의 중심 내용을 제시해주면 학습자들은 이런 형식을 모방하여 비슷한 글을 쓸 수밖에 없으며, 따라서 자신이 쓰고 싶은 것을 표현하는 데 어려움을 느끼게 된다.

2유형의 활동은 학습자가 주제에 관해 알고 있는 내용 지식을 생각해 내고 자신의 관점을 표현하는 것으로 내용 지식을 창출하기 위한 활동에 속한다고 할 수 있다. 이 유형에서는 아래와 같은 활동이 제시되어 있었다.

<표 3-4> 「이화한국어 5, 6」 쓰기 활동 유형 2의 예시

교재 및 과	활동
이화한국어5 1과	◎ 다음의 제목을 보고 사투리의 어떤 특징을 소개한 것인지 이야기해 보세요. • 무뚝뚝한 오사카 사투리 • '보통화'와 전혀 다른 광둥어 • 말끝을 늘이는 미국 남부 사투리
이화한국어6 1과	◎ 헌혈과 장기 기증 중에서 주제를 선택하고 그에 대한 자신의 의견을 정리해 보세요. • 주제: 헌혈/ 장기 기증 • 의견: • 근거:

「이화한국어 5」의 1과에서 제시한 활동은 주제에 대한 내용 지식을 창출하는 활동이다. 그러나 사투리라는 주제가 친숙하지 않은 주제이므로 학습자들이 알고 있는 내용 지식이 적을 수 있다. 따라서 이 주제에 대한 활발한 토론을 위해서는 먼저 참고 자료를 찾아 상호텍스트적인 지식을 보충할 필요가 있다고 본다. 또한 「이화한국어 6」의 1과에서 제시한 쓰기 활동은 자신의 관점을 표현하는 것으로 이 활동에서는 주제에 대한 자신의 의견을 정리하라는 과제를 제시하고 있다. 그러나 학습자 개인적인 생각보다는 여러 학습자들 간의 토론을 통해 상호작용적으로 활동을 진행하는 것이 훨씬 효율적일 것이다. 그러나 이러한 구체적인 활동 방법은 교재에 제시되어 있지 않다. 즉, 이러한 쓰기 활동은 학습자 개인의 생각을 글로 표현하는 데 그친다는 것이다.

마지막 3유형은 글의 개요를 작성하는 과제이다. 글의 개요를 작성하기 위해서는 주제에 대해 알고 있는 지식을 동원하고, 선별하여 조직화하는 과정을 거쳐야 하므로 내용 지식의 활용이 이루어질 수 있는 활동이라고 할 수 있다. 그러나 이 교재에서 제시한 3유형의 쓰기 활동은 과제와 함께 서론-본론-결론에 따른 개요 표만 제시해주고 표를 채워 쓰도록 되어 있다. 즉, 내용 지식의 선별과 조직화 등 세부적인 활동은 생략되어 있는 것으로 학습자가 내용 지식을 구성하는 데 도움이 되지 못한다.

이상에서 살핀 결과에 따르면, 통합 교재에서는 읽기와 쓰기의 통합을 주요하게 다루어 쓰기를 할 때 주제에 필요한 내용 지식을 창출하고 상호텍스트적 지식을 획득하는 활동이 이루어지고 있음을 알 수 있다. 그러나 아쉬운 점은 이러한 활동 과제들이 너무 추상적이고 포괄적으로 제시되어 이를 통해 내용 지식 구성 능력을 향상시키기에는 무리가 있다는 것이다. 따라서 각 과제를 완성하기 위한 보다 세부적인 단계를 제시해주고 각 단계에 다른 구체적인 쓰기 활동을 제시해줄 필요가 있다.

2.2. 일반 목적 쓰기 교재

2.2.1. 일반 목적 쓰기 교재의 전반적인 구성

「한국어 중급 I 쓰기」는 한국어 중급 학습자들을 대상으로 한, 기능별 능력 향상을 목적으로 만들어진 교재 중 쓰기 기능에 관한 교재이다. 따라서 학습자들이 실생활에서 자주 접할 수 있는 쓰기 텍스트를 통해 쓰기 능력을 향상시키는 데 도움을 주기 위해 개발되었다. 이 교재는 기본 어휘와 문법을 사용하여 실용적 쓰기 텍스트를 완성하는 과정을 소개하고 있는바, 어휘, 문법과 쓰기와의 통합을 중요하게 다루고 있다.

이 교재는 총 20개의 과로 구성되었고, 교재의 첫 부분에 제목과 학습 목표가 제시되었으며, '들어가기', '준비하기', '쓰기', '정리하기', '확인해 봅시다'에 따른 쓰기 활동들로 구성되어 있다. 교재의 단원 구성은 다음과 같다.

[그림 3-2] 「한국어 중급 I 쓰기」의 단원 구성

각 과의 구성을 보면, '들어가기'에서는 도입 그림과 보기 글, 그리고 쓰기를 도울 수 있는 두 개의 질문을 제시하여 글의 형식과 주제에 대해 먼저 이야기를 나누고 쓰기 과정에 들어갈 수 있도록 하였다. '준비하기'에서는 쓰기를 위한 어휘 연습과 문법 표현 연습이 제시되어 있고 쓰기는 글의 개요를 작성하기 위한 표 만들기 활동과 모범 예문으로 이루어졌다. '정리하기'는 쓰기 후 활동으로 교실에서 발표를 하고 좀 더 확장된 쓰기 연습을 할 수 있는 활동으로 이루어졌다. 마지막 '확인해 봅시다'에서는 자기점검표를 제시하여 자신이 쓴 글을 평가하도록 되어 있다. 교재의 전반적인 구성은 다음과 같다.

〈표 3-5〉 「한국어 중급 I 쓰기」의 구성[18]

과	제목	텍스트
1	댓글을 남겨주세요	댓글
2	아침은 조금이라도 꼭 먹는다	결심하는 글
3	반드시 손을 씻고 먹을 것	메모
4	이 기회를 놓치지 마세요	광고
5	참석해 주시기 바랍니다	초대장

18) 「한국어 중급 I 쓰기」의 내용은 제목, 텍스트, 어휘, 문법 및 표현으로 구성되어 있으나 이 책에서는 어휘와 문법을 분석 범위에 포함하지 않았으므로 표에서는 따로 제시하지 않았다.

6	싸게 사려면 어디로 가야 하나요?	지식검색글
7	사랑하는 고모님께	편지
8	쇠고기에다가 야채를 넣어서 잘 볶으세요	요리법
9	나라마다 그 나라를 상징하는 것이 있습니다	설명문
10	요즘 사람들은 건강에 관심이 많다	일기
11	보내 주신 메일을 잘 받았습니다	이메일
12	한번 가 볼 만한 곳입니다	설명문
13	대체로 마음에 듭니다	상품평
14	이 기사를 통해 새로운 사실을 알게 됐다	기사 발표문
15	그럴 땐 나처럼 노랠 불러 봐	노래 가사
16	단오를 아십니까?	설명문
17	바다를 보러 갔다	기행 일기
18	이 노래를 들려 주세요	엽서
19	어찌나 감동적이었는지 눈물이 다 났다	영화평
20	'우리'는 정말 좋은 말이다	수필

<표 3-5>와 같이 「한국어 중급Ⅰ 쓰기」는 다양한 주제에 따른 다양한 장르의 쓰기 활동으로 구성되어 있다. 각 과는 주제에 대한 자료를 읽고 주제와 관련된 어휘와 문법에 대한 연습을 한 후, 이를 바탕으로 쓰기 활동을 진행하고 있다. 즉, 이 교재에서는 어휘, 문법 및 표현과 쓰기 활동의 통합을 주요하게 다루고 있다는 것이다. 그러나 이 교재가 전문적인 쓰기 교재임을 감안할 때 각 과에서 차지하는 쓰기 부분이 양적으로 부족하다고 할 수 있다. 어휘, 문법 연습의 경우 그림을 보고 생각나는 어휘를 떠올리는 연습, 문법 및 표현 연습의 경우 3개의 예시를 제시하고 이를 바탕으로 5개 문장을 완성해보는 활동이 이루어져 있다. 그

러나 쓰기의 경우에는 단지 개요 작성을 위한 표 완성하기와 직접적인 쓰기 활동만 제시되어 충분한 쓰기 활동이 제시되지 않고 있었다.

2.2.2. 일반 목적 쓰기 교재의 쓰기 활동

앞서 언급했듯이, 「한국어 중급Ⅰ 쓰기」의 쓰기 활동은 '들어가기', '준비하기', '쓰기', '정리하기', '확인해 봅시다'에 따라 각각 제시되어 있다. 여기에서 쓰기와 직접적으로 관련 있는 것은 '쓰기', '정리하기', '확인해 봅시다'에 제시된 활동이다.

'쓰기' 활동에는 표 완성하기와 직접적으로 글을 써보는 활동이 있다. 쓰기 활동 중 표 완성하기 활동을 살펴보면 범주별 주제가 정해져 있고 또한 각 범주별로 예시가 제시되어 있어 자칫하면 주어진 예시를 모방하여 쓰는 활동으로 전락하기 쉽다는 문제점이 있었다. 이 유형에 해당하는 쓰기 활동은 아래와 같이 제시되어 있었다.

〈표 3-6〉「한국어 중급Ⅰ 쓰기」 쓰기 활동 유형의 예시

12과 쓰기 활동: 여러분 나라의 관광지를 소개하려고 합니다. 다음 표를 완성하십시오.		
관광지	제주도	
위치	한국의 남쪽	
교통편	비행기나 배	
숙박	호텔, 펜션, 민박, …	
먹을거리	갈치, 흑돼지, 귤	
가 볼 만한 곳	한라산, 중문 해수욕장	

위에서 제시한 <표 3-6>은 소개하는 글을 쓰기 위해 내용 지식을 창

출하고 개요를 작성하는 활동으로 볼 수 있다. 이 활동에서 제시한 관광지의 위치, 교통편 등 범주들은 관광지에 대한 가장 기본적인 정보로 소개하는 글에서 꼭 필요한 것이라고 할 수 있다. 그러나 모든 관광지를 소개할 때 반드시 이 기준에 따라 소개하는 것은 아니다. 나라에 따라, 지역에 따라 지방마다의 특징과 특색이 있을 수 있기 때문에 미리 쓸 글의 범주를 정해주는 것은 바람직하지 않다. 또한 각 범주에 따른 예시가 제시되어 있어 쓰기에 대한 동기가 부족한 학습자일 경우 예시에 대한 맹목적인 모방으로 활동을 마칠 우려도 있다.

'정리하기' 활동은 쓰기 활동을 마친 후 확장된 쓰기 연습을 하기 위해 제시되었다. 그러나 쓰기 과제가 "한국어로 메일을 쓴 적이 있습니까?", "새로 알게 된 여행지가 있습니까?"와 같이 너무 단순하게 제시되어 있거나 "여러분의 결심을 눈에 잘 띄는 곳에 붙이고 꼭 실천합시다"와 같이 실제적인 쓰기 연습과 관계없는 활동이 있어 교사의 유도가 없으면 확장된 쓰기 연습이 이루어질 가능성이 적다.

'확인해 봅시다'에서는 자신의 쓰기 활동을 되돌아봄으로써 자가 점검을 하는 활동이 제시된다. 이 활동은 5개의 질문을 제시하고 선택하는 3지선다형 설문조사이다. 구체적으로 첫째. 관광지를 소개하는 글을 잘 쓸 수 있는지, 둘째, 이 과에서 배운 표현을 잘 썼는지, 셋째, 전체적으로 앞 뒤 내용이 자연스럽게 연결되는지, 넷째, 맞춤법과 조사를 확인하기 위해 다시 읽어 봤는지, 다섯째 자기가 쓴 글에 몇 점을 주고 싶은지에 대한 질문이다. 각 과에 제시된 활동은 첫째 질문에서 글의 장르만 바꾸어 나타나고 기타 질문 항은 똑같이 제시되었다. 이 중 셋째 질문은 내용 지식 구성에 관한 문제이다. 그러나 내용 지식 구성에 관한 활동은 앞선 단계에서는 제시되지 않았다. 즉, 학습자들은 내용 지식을 구성할 때 지식 간의 연결성을 확보하기 위한 연습을 하지 못하였다는 것이다.

학습자들이 배우지 않은 부분에 대해 자가 평가를 하라는 것은 평가의 타당도가 떨어지는 활동이라고 할 수 있다.

이상에서 살핀 결과에 따르면, 「한국어 중급Ⅰ 쓰기」의 쓰기 활동은 어휘와 문법과의 연계를 중요하게 여겨 쓰기에서 형태적 측면을 강화하고 있음을 알 수 있다. 내용 지식의 구성에 관한 활동으로는 내용 지식의 창출을 위한 활동이 전부였다. 그러나 이러한 활동이 양적으로 부족하고 다양하지 못하여 내용 지식 구성 능력을 향상시키기에는 무리가 있었다.

2.3. 학문 목적 쓰기 교재

2.3.1. 학문 목적 쓰기 교재의 전반적인 구성

이 교재는 외국인 대학생을 대상으로 한 쓰기 교재로, 그 내용은 외국인 학습자의 특성을 적극 반영하면서, 외국인 학습자가 한국인 대학생과 같은 수준의 글쓰기 능력을 갖추는 데 목표를 두어 구성되었다.

크게 글쓰기의 기초와 실제로 나누어지고 기초 부분은 4개 단원, 실제 부분은 3개 단원으로 구성되어 있다. 기초 부분에서는 쓰기를 할 때 과정이나 표현 등에 대한 이론 지식과 실제 연습하기를 제공하고, 실제 부분에서는 학문적 상황에서 쓸 수 있는 실제 쓰기를 진행하도록 내용이 구성되었다. 교재의 단원 구성은 다음과 같다.

[그림 3-3] 「글쓰기의 기초, 글쓰기의 실제」의 단원 구성

단원의 구성을 보면, 이 교재에서는 먼저 학습 목표를 제시하고 '생각 열기'에서 단원의 내용에 관련 있는 예를 제시하여 학습자들이 쉽게 내용에 다가갈 수 있도록 하였다. 본문에서는 주제에 관해 몇 가지 질문을 던지고 그 질문에 답을 하는 것으로 이론적 지식을 설명하고 있다. 마지막에 이론적 지식을 활용할 수 있는 연습하기 즉, 쓰기 활동을 제공하고 있다. 이 교재의 전반적인 구성은 다음과 같다.

<표 3-7> 「글쓰기의 기초」의 구성

단원	단원명	주제
1	글쓰기의 이해	①글쓰기의 중요성 ②좋은 글의 요건
2	글쓰기의 과정	①계획하기 ②내용 생성하기 ③내용 조직하기 ④초고 쓰기 ⑤고쳐 쓰기
3	단위별 글쓰기	①어휘・표현 쓰기 ②문장 쓰기 ③문단 쓰기
4	장르별 글쓰기	①설명문 쓰기 ②보고서 쓰기 ③논설문 쓰기 ④감상문 쓰기 ⑤자기소개서 쓰기

<표 3-7>에서 제시한 바와 같이, 1단원은 글쓰기가 중요한 이유와 좋은 글이 갖추어야 할 요건에 대해 설명하였고 2단원에서는 글쓰기 전 과정을 단계별로 제시하였다. 그리고 3단원에서는 외국인 대학생들이 어렵게 생각하는 한국어 어휘나 표현, 문장, 문단 쓰기에 대한 기초적인 내용을 선별하여 설명하였고 4장에서는 대학 텍스트 중 대표적인 장르에 대해 이론 학습과 실제 쓰기 활동을 병행할 수 있도록 구성하였다. 이러한 4개 단원의 내용으로부터 이 교재에서는 과정과 장르에 초점을 둔 교육 내용을 중요하게 다루고 있고 있음을 알 수 있다. 즉, 내용 지식의 구성에 직접적인 관계가 있는 단원은 없고 2단원 쓰기 과정에서 일

부분으로 제시될 수 있음을 추측할 수 있다. 2단원은 구체적으로 다음과 같이 구성되었다.

<표 3-8> 「글쓰기의 기초」 2단원의 구성

절	과정	주제
1	계획하기	글을 쓸 때 어떤 것들을 고려해야 할까? 화제를 어떻게 계획할까? 글을 쓰는 목적은 어떻게 계획할까? 예상 독자는 어떻게 계획할까?
2	내용 생성하기	주제란 무엇이고, 어떻게 찾을까? 주제를 어떻게 정하는가? 주제에 맞는 내용을 어떻게 찾을까? 세부 내용을 만들 때 필요한 자료는 어떻게 찾을까?
3	내용 조직하기	모아 놓은 내용은 어떻게 구성해야 할까?
4	초고 쓰기	글을 써 가면서 지켜야 할 원칙은 무엇인가? 글의 처음을 어떻게 시작할까? 글의 중간은 어떻게 쓸까? 글의 끝은 어떻게 쓸까?
5	고쳐 쓰기	고쳐 쓰기는 왜 필요한가? 고쳐 쓰기에서는 무엇을 검토해야 할까? 글의 내용에서는 무엇을 검토할까? 글의 형식에서는 무엇을 검토할까? 글의 표현에서는 무엇을 검토할까? 글쓰기 점검표를 활용하자.

2단원의 구성을 보면 쓰기 과정의 각 단계에서 해야 할 이론적 지식들을 상세하게 설명하고 있으나 각 절의 비중이 적절하지 않음을 알 수 있다. 3절의 '내용 조직하기'는 질문 하나만 제시되어 있어 기타 절에 비

해 현저히 적다. 또한 각 절에 해당하는 내용이 적절하지 않아 보이는 것도 있다. 예를 들면 4절의 '초고 쓰기'에서 제시한 첫 질문은 '글을 쓰기 위해 갖추어야 할 요건'에 관한 내용으로, 교재의 1단원 '글쓰기의 이해'에서 제시하면 더 적합할 것이다. 또한 5절 '고쳐 쓰기'에서 제시한 내용, 형식 등에 관한 평가 기준은 '내용 생성하기', '내용 조직하기' 부분에서 먼저 제시가 되었다면 학습자들이 내용을 생성하고 조직할 때 구체적으로 무엇을 기준으로 쓰기를 진행해야 하는지를 이해하는 데 도움이 될 수 있다. 즉, 내용을 생성하고 조직할 때 지켜야 할 조건들을 바탕으로 실제 쓰기 활동이 이루어져야 한다는 것이다.

2.3.2. 학문 목적 쓰기 교재의 쓰기 활동

각 단원의 쓰기 활동을 살펴보면 다음과 같다. 우선 1단원에서는 글쓰기의 중요성과 좋은 글의 요건에 대해 이론적으로 간단하게 설명하고 있고 쓰기 활동은 제시되어 있지 않다.

2단원에서는 쓰기의 과정인 계획하기, 내용 생성하기, 내용 조직하기, 초고 쓰기, 고쳐 쓰기에 따라 이론적 지식과 쓰기 활동을 함께 제시하고 있다. 우선 계획하기에서는 '무엇을' '어떻게' 계획해야 되는지를 설명하고 있다. 또한 각각의 질문에 대한 설명이 끝나면 연습문제를 할 수 있도록 안내하고 있다. 그러나 이론 부분에서 설명을 너무 간단하게 하고 연습하기에서 쓰기 활동을 너무 큰 범위로 제시하여 교사의 지도가 없이 학습자 스스로는 완성하기 어려운 것으로 보인다.

내용 생성하기에서는 주제를 정하고 주제에 맞는 내용을 어떻게 찾는지를 예를 들어 설명하고 있다. 즉, 주제에 대한 학습자들의 사전 지식을 활성화하는 활동이 이루어지고 있었다. 그러나 여기에서 제시하고 있는 방법은 실제 쓰기 교육에서 사용되고 있는 보편적인 방법들이다. 또한 이러한 쓰기 활동들이 아래의 <표 3-9>와 같이 구체적으로 제시된 것이 아니라 추상적으로 제시되어, 실제 쓰기 교육에서 보편적으로 이루어지고 있는 방법으로 단 몇 번의 연습을 통해 쓰기 능력이 향상될 수 있는지에 의문이 든다. 따라서 이 부분에서는 내용의 생성을 다양한 측면에서 연습할 수 활동이 부족하다고 볼 수 있다.

〈표 3-9〉「글쓰기의 기초」 쓰기 활동 유형의 예시

2과 2절 연습하기 1, 3
1. 다음 화제 가운데 하나를 선택하여 자유롭게 써 보자(5분) 　가. 문화　　　나. 대중 매체
3. 위에서 밑줄로 표시한 내용 가운데 관련이 있는 것끼리 모아 묶어 보자.

내용 조직하기는 다른 부분에 비해 이론적 지식이 지나치게 적었다. 이 부분에서는 앞선 단계를 통해 모은 내용을 어떻게 서론-본론-결론에 따라 배열할 수 있는지를 설명하고 있다. 그러나 글에서 내용을 조직화할 때에는 서론-본론-결론에 따라 배열하기만 하면 되는 것이 아니다. 전체 글과 문단 내에서 내용 간의 관계를 여러 가지 측면에서 고려해야 하기 때문에 교재에서 제시한 이론으로는 부족하다. 또한 이에 해당하는 쓰기 활동도 '개요 표 작성하기' 하나뿐으로 조직화하기에 관한 활동이 구체적으로 다양하게 제시되어 있지 않음을 확인할 수 있다. 이 외 초고 쓰기와 고쳐 쓰기 부분에서도 쓰기 활동이 부족한 문제를 발견할 수 있었다.

이상에서 통합 교재, 학문 목적 쓰기 교재, 일반 목적 쓰기 교재에 제시된 내용 지식의 구성에 대한 활동을 살펴보았다. 통합 교재의 경우 읽기와 쓰기의 통합을 다루고 있었다. 따라서 상호텍스트적 지식의 획득에 관한 활동이 이루어지고 있었으나 단원 주제와 읽기 활동, 쓰기 활동의 주제가 서로 관련이 없는 경우가 있어 읽기의 내용을 쓰기에 통합하는 데 영향을 미치고 있었다. 또한 내용 지식을 창출하는 활동도 이루어지고 있었으나 양적으로 충분하지 않고 구체적으로 제시되지 않아 학습자들이 자기중심적이고 피동적으로 과제를 수행할 수밖에 없을 것으로 판단되었다.

일반 목적 쓰기 교재에서는 형태적 측면에서의 연습과 쓰기 연습을 통합하여 다루고 있었다. 전반적인 단원 구성에서 쓰기 활동이 차지하는 비중이 적고 쓰기 활동에서 과제가 적절하게 제시되어 있지 않아 쓰기 활동으로서의 효율성이 떨어지고 있었다. 또한 내용 지식을 창출을 위한 활동이 제시되었으나 구체적이지 않아 학습자들의 내용 지식 구성 능력을 향상하기에는 무리가 있을 것으로 보았다.

학문 목적 쓰기 교재에서는 글쓰기 기초와 실제로 구분하여 교육 내용을 다루고 있으나 전반적으로 이론적 지식이 실제 연습보다 훨씬 많았다. 또한 쓰기 활동은 내용의 생성과 조직부분을 다루고 있어 내용 지식 구성에 관한 활동들이 제시되어 있었으나 과제가 추상적이어서 활동의 구체성과 다양성의 부족함을 초래하였다.

이와 같이 한국어 쓰기 교재에서는 내용 지식과 관련하여 기존 지식과 상호텍스트적 지식을 창출하는 활동이 가장 많이 이루어지고 있었다. 그러나 이러한 활동이 양적으로 너무 적다는 것이 가장 큰 문제로 제기된다. 이는 대부분의 쓰기 교재가 과정 중심의 쓰기와 장르 중심의 쓰기를 바탕으로 개발되었기 때문이다. 또한 내용 지식 구성에 관한 쓰기 활동은 다양한 방법을 활용하여 진행할 수 있도록 구체적으로 제시되지

않아 학습자들의 내용 지식 구성 능력을 향상시키기에는 무리가 있음을
알 수 있었다.

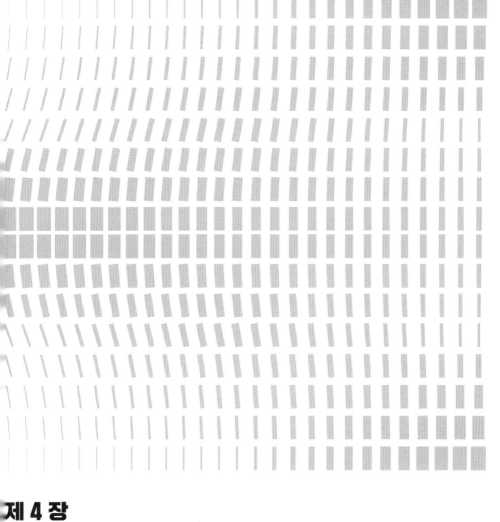

제 4 장

한국어 학습자의 쓰기에 나타난
내용 지식 구성 양상

한국어 학습자의 쓰기에 나타난 내용 지식 구성 양상

　쓰기를 할 때 주제에 대한 내용 지식의 부족은 쓰기 결과물에 직접적인 영향을 미치게 된다. 학습자에게 내용 지식이 부족하다는 것은 내용 지식의 창출과 선별 및 조직을 하는 데 있어 어려움이 있음을 의미하며 나아가 쓰기를 잘 하지 못하는 원인으로 작용한다.[1] 학습자가 주제에 대해 갖고 있는 내용 지식이 언어에 관계없이 비슷하다고 가정할 때, 모국어와 한국어 쓰기 결과물이 다르게 구성되는 것은 쓰기 과정에서 언어적 측면과 방법적 측면 혹은 기타 요인들의 영향을 받았다고 할 수 있다. 따라서 내용 지식을 구성하는 전반적인 과정에서 나타나는 문제점을 파악하여 그에 대한 해결책을 찾는 것은 한국어 쓰기 교육에서 반드시 선결되어야 할 중요한 과제라고 할 수 있다.[2]

---

[1] 이준호(2005)에서 한국어 학습자와 평가자를 대상으로 실시한 설문 조사의 결과를 보면 학습자들은 보고서 쓰기 과제를 수행할 때 어떤 내용을 쓸 것인지에 가장 어려움을 느꼈고, 평가자 역시 보고서의 내용을 가장 중요한 기준으로 생각하고 있다고 하였다.

[2] 노명완(1989)에서는 교사는 새로운 단원의 학습 지도를 위해 학습자들이 가지고 있는 스키마를 활성화시키기 위해서나 교수 학습에 필요한 스키마를 보충해주기 위해서 무엇보다 먼저 학습자들이 지닌 스키마에 대한 진단이 중요함을 인식하고 있어야 한

이에, 본 장에서는 쓰기 과정에서 어떤 내용 지식이 창출되고 선별되었는지, 창출되고 선별한 내용 지식이 어떻게 조직되어 있는지를 살펴 내용 지식 구성 교육을 설계하기 위한 발판으로 삼고자 한다. 학습자들이 내용 지식을 구성할 때 나타나는 특성과 문제점을 파악하기 위해 모국어와 한국어 쓰기 과정에서 구성된 내용 지식을 비교 분석할 것이다. 연구의 범위는 사전 지식으로서의 내용 지식과 통합된 지식으로서의 내용 지식에 제한한다.[3] 연구의 문제는 다음과 같다.

첫째, 모국어와 한국어 쓰기에서 구성한 내용 지식은 어떤 차이점이 있는가?

둘째, 모국어 쓰기에서 활용한 내용 지식 구성 방법은 한국어 쓰기에서도 적용되고 있는가?

셋째, 학습자들은 한국어 쓰기에서 내용 지식을 구성할 때 어떤 문제점을 보이는가?

1. 분석 방법

1.1. 분석 대상 및 절차

이 책에서의 분석 대상은 한국어 학습자들이 모국어와 한국어로 산출

다고 하였다.

3) 쓰기 과정에서 상호텍스트적 지식은 주로 참고 자료를 통해 획득하게 된다. 자료를 활용하는 경우 자료를 읽고 이해하는 읽기 활동이 일어나게 된다. 따라서 이 과정에서는 읽기와 쓰기 과정에서 일어나는 인지 활동을 모두 고려해야 한다. 이 책에서는 학습자가 알고 있는 내용 지식을 어떻게 구성하여 쓰기를 하는지에 초점을 두었으므로 상호텍스트적 지식은 연구의 대상에서 제외하였다. 상호텍스트적 지식에 관해서는 장은경(2009), 최은지(2012), 전미화(2014) 등의 연구를 참고할 수 있다.

한 <사전 지식 검사지>와 쓰기 텍스트 및 인터뷰 자료이다. 자료 수집을 위해 한국어능력이 중고급(TOPIK 4-6급)인 학습자들을 대상으로 삼았다.[4] 한국어능력 4급 이상의 학습자를 대상으로 삼은 이유는 다음과 같다. 학습자의 한국어능력이 부족할 경우, 쓰고 싶은 내용을 쓸 수 없어 한국어로 쓰기를 수행하기가 어려울 수 있다. 즉, 내용 지식의 차이가 아닌 언어 지식의 차이가 한국어 쓰기에서의 내용 지식 구성에 영향을 미치는 것을 미연에 방지하기 위함이다.[5] 또한 그들은 대학(원) 입학 전부터 계속 쓰기를 해 왔고, 입학 후에도 개설된 쓰기 과목을 수강하고 다양한 장르의 쓰기 과제(시험 답안, 보고서 쓰기 등)를 수행한 경험이 있기에 제시한 과제를 충분히 수행할 수 있다고 판단되었기 때문이다.

실험에 참여한 학습자는 총 20명(6급 9명, 5급 6명, 4급 5명)이다. 5개 대학[6] 12개 학과 소속으로 모두 중국 국적을 가지고 있다.[7] 실험 참여자의 기본 정보는 아래의 표와 같다.

〈표 4-1〉 실험 참여자의 기본 정보

	학습기간	전공	토픽급수		학습기간	전공	토픽급수
S1	8년	한국어교육	6급	S11	5.5년	형상설계	5급

---

4) 특정 학교의 학습자들을 대상으로 할 경우, 쓰기 스타일이 한 쪽으로만 치우칠 수 있음을 우려하여 이를 지양하고자 여러 대학, 다양한 전공의 학습자들을 선정하였다.

5) 6급 학습자인 S1과 S2는 인터뷰 중, 한국어 쓰기를 할 때 모국어 쓰기에서 사용했던 내용 지식을 사용하고 싶으나 그 내용을 표현하는 데 꼭 필요한 단어를 표현할 수 없을 경우 유의어로 바꾸어서 표현하거나 유의어조차 모를 경우에는 그 내용 지식을 사용 못한다고 하였다. 이런 현상은 5급, 4급 학습자에게는 더욱 뚜렷하게 나타났다.

6) 가나다 순으로 정렬하면 배재대학교, 우송대학교, 충남대학교, 침례신학대학교, 한남대학교이다.

7) 실험 대상을 중국인 학습자로 선정한 이유는 한국어 학습자 중 중국인 학습자의 수가 가장 많기 때문이다. 또한 필자가 중국인으로서 모국어 쓰기와 한국어 쓰기를 비교 분석하는 과정에서 모국어의 번역이 용이하다는 점도 고려하였다.

S2	4.5년	한국어교육	6급	S12	5년	신학	4급
S3	4.5년	한국어교육	6급	S13	5년	한국어교육	5급
S4	5년	한국어교육	5급	S14	8년	한국어교육	6급
S5	5.5년	한국어교육	5급	S15	6년	한국어교육	6급
S6	5.5년	한국어교육	6급	S16	5년	교육행정	5급
S7	4.5년	행정	4급	S17	6년	교육	6급
S8	4년	복지신학	4급	S18	4.5년	정치외교	5급
S9	5년	영어영문	4급	S19	6년	국어국문	6급
S10	4.5년	호텔컨벤션	4급	S20	5년	경제무역	6급

실험 절차는 우선 실험에 참여할 학습자를 선정한 후 사전 지식 검사, 쓰기 과제 수행, 인터뷰의 순서로 진행되었다. 이 중 사전 지식 검사와 쓰기 과제의 수행은 순차적으로 이루어진 것으로, 지식 검사를 마친 후 바로 쓰기를 수행하도록 하였다. 구체적인 연구 절차는 다음과 같다.

먼저 학습자들이 모국어 사전 지식 검사와 쓰기 과제를 수행하게 하고, 한 주 뒤에 한국어 사전 지식 검사와 쓰기 과제를 수행하게 하였다. 사전 지식 검사를 진행한 이유는 모국어와 한국어 쓰기에서 주제에 대한 사전 지식을 인출할 때 차이가 있는지를 확인하고자 하였기 때문이다. 사전 지식을 인출하는 방법이 어떻게 다르며, 왜 다른지를 파악하는 것도 내용 지식을 구성하는 양상을 밝히는 데 필요한 부분이다. 또한 사전 지식의 검사는 쓰기 전에 인출된 내용 지식이 쓰기에 어떻게 활용되는지를 살피기 위해서도 필요한 부분이다. 지식 검사는 <사전 지식 검사지> 작성을 통해 진행하였고 시간상 제한 없이 쓰기 주제에 대해 알고 있는 내용 지식들을 문장 단위로 작성하도록 하였다.

연구자는 학습자들이 쓰기 과제를 수행할 때 한국어능력시험을 보고 있다는 생각을 하면서 진행하도록 유도하였다. 모국어와 한국어 쓰기는 한 주 간격으로 나누어서 진행하였는데, 그 이유는 다음과 같다. 먼저 모국어 쓰기를 끝내고 바로 한국어 쓰기를 할 경우 모국어에서 사용한 내용 지식을 단순히 번역하여 사용할 가능성이 있어 내용 지식의 차이를 살피는 데 어려움이 있을 것이라고 판단하였다. 또한 시간 간격이 너무 긴 경우 모국어에서 사용된 내용 지식과는 완전히 다른 내용 지식을 사용할 가능성이 있기 때문에 내용 지식 간의 공통점을 살피기 어렵기 때문이다. 이런 점을 감안하여 그 간격을 한 주로 정하였다.[8]

다음으로 쓰기를 마친 후에 학습자들을 대상으로 회상 자극기법을 활용한 심층 인터뷰를 실시하였다. 인터뷰는 연구자와 학습자 개개인이 자신이 작성한 <사전 지식 검사지>와 쓰기 텍스트를 함께 보면서 진행되었다. 인터뷰 내용은 학습자들이 모국어와 한국어 쓰기에 대한 태도, 내용 지식을 구성하는 방법이나 문제점 등에 관한 것으로 모국어와 한국어 쓰기에서 내용 지식을 구성하는 차이점과 그 과정에서 생기는 문제점 및 원인을 분석할 때 사용되었다.

마지막으로 연구자는 모국어와 한국어 <사전 지식 검사지> 총 40부와 쓰기 텍스트 총 40편, 심층 인터뷰 자료를 분석하고 그 결과를 정리하였다. 이를 통해 학습자들이 한국어 쓰기를 할 때 내용 지식을 구성하는 양상을 구체적으로 살펴보고 문제점을 도출하였다. 실험의 전반 과정은 조용하면서 엄숙한 분위기를 확보하고자 대학교 도서관 세미나실에서 진행하였다. 연구의 구체적인 절차는 다음과 같다.

---

8) 모국어와 한국어 쓰기를 한 주 간격으로 실시한 결과 학습자의 쓰기 결과물 간에 구조, 문장 표현의 차이는 있었으나 주제와 주장은 일관된 양상을 보였으므로 적절한 시간 간격이 주어진 것으로 본다.

| 실험 참여자 선정 |
| 모국어 사전 지식 검사 및 쓰기 |
| 한국어 사전 지식 검사 및 쓰기 |
| 심층 인터뷰 |
| 자료 분석 |

[그림 4-1] 연구 절차

1.2. 분석 기준

1.2.1. 분석 도구

본 절에서는 쓰기에서 내용 지식의 구성 양상을 살피기 위해 설정한 쓰기 과제와 사전 지식 검사 방법에 대해 알아보도록 한다.

쓰기 과제(모국어로 쓰기, 한국어로 쓰기)는 동일한 주제로 진행된다. 주제는 학습자들에게 익숙하면서도 한국과 중국에서 보편적으로 다루어지는 것으로 하여 각각의 쓰기에서 내용 지식의 양적 차이를 최소화하고자 하였다. 또한 주제의 범위가 너무 클 경우 학습자들이 가지고 있는 내용 지식의 양이 너무 많아 그 차이점에 대해 쉽게 파악하지 못할 수 있음을 고려하여 주제의 범위를 좁히기로 하였다. 이를 토대로 쓰기 과제의 주제는 '스마트폰이 우리에게 미치는 영향'으로 선정하였다. 스마트폰은 한국 및 중국에서 생활하는 대다수의 사람들이 보편적으로 사용하고 있고 우리가 일상생활에서 많이 경험할 수 있어 특별한 지식을 요하거나 어려운 것이 아니다. 따라서 학습자들은 이 주제에 대해 충분한 내용 지식을 가지고 있으며 주제의 범위가 좁기 때문에 모국어, 한국어 쓰기에서 활용되는 내용 지식이 큰 차이가 없을 것이다. 구체적인 쓰기 과제는 다음과 같이 제시하였다.

〈표 4-2〉 쓰기 과제의 주제

※ 다음의 주제로 자신의 생각을 800자 내외로 글을 쓰십시오

현재 우리 사회에는 스마트폰의 사용이 보편화가 되어있습니다. 과학기술 발전의 산물인 스마트폰은 우리의 생활을 편리하게 해주고 있는 반면 요즘에는 스마트폰의 지나친 사용으로 인해 게임중독과 같은 부정적인 현상도 생겨나고 있습니다. 스마트폰의 사용이 우리 사회에 어떤 영향을 끼치고 있는지에 대해 자신의 생각을 쓰십시오

※ 用下面的主題寫一篇800字左右的作文。

目前, 在我們社會智能手机的使用非常普遍。智能手机是科學技術發展的産物, 它使我們的生活變得方便而丰富多彩。但是最近智能手机的普及引起了很多負面的現象, 比如游戲中毒等。你覺得智能手机對我們社會起了什么樣的影響, 把自己的想法寫一下。

쓰기 과제와 함께 이루어진 사전 지식[9] 검사는 한국어 학습자가 쓰기 주제에 대해 알고 있는 내용 지식을 파악하기 위해 사용하였다. 사전 지

---

9) 본 장에서는 사전 지식 검사 방법을 통해 학습자가 알고 있는 내용 지식을 측정하였다. 따라서 이 장에서는 논의의 편의를 위해 사전 지식이라는 용어를 통일하여 쓰기로 한다. 여기에서 사전 지식은 3장에서 논의한 기존 지식과 같은 의미를 가진다.

식 검사는 원래 독자가 텍스트 주제와 관련하여 알고 있는 지식을 측정하기 위한 것으로 1970년대와 1980년대 개인의 스키마가 독해에 영향을 주고 있음을 증명하기 위해 실시되었고, 개방형 질문, 구두 인터뷰, 선택형 문항 검사, 개념 지도 등 네 가지 방법이 있다.[10]

첫 번째 개방형 검사는 다수의 학습자들에게 주제에 관한 아이디어를 쓰게 하거나 답하게 하는 방식이다. 이 검사에서 검사자는 학습자가 구체적으로 어떤 내용을 쓸 것을 요구하지 않는다. 따라서 학습자는 주제에 대해 알고 있는 것을 자유롭게 기술할 수 있으므로 학습자의 지식을 폭넓게 측정할 수 있다는 장점이 있다. 두 번째 인터뷰 검사는 검사자가 학습자 개인을 대상으로 개방형 질문을 함으로써 주제에 관한 지식을 검사하는 방식이다. 이 검사는 학습자들에게서 실제적인 응답을 들을 수 있고, 또 개별적 질문이 가능하므로 가장 타당성이 높다고 할 수 있다. 반면 인터뷰는 개인을 대상으로 진행하기 때문에 많은 시간이 소요된다는 단점이 있으며 따라서 대규모 측정 상황에는 적용하기 어렵다. 세 번째 선택형 검사는 검사자가 측정하고 싶은 내용을 구체적인 문항으로 작성하여 학습자들에게 답하게 하는 방식이다. 이 검사는 학습자들의 지식을 측정하기 위한 관리나 계량화가 효율적이기 때문에 가장 보편적으로 사용되는 방법이다. 반면 주제에 관한 모든 내용을 문항으로 작성하기에는 무리가 있으며 문항을 작성하는 데 많은 시간이 소요된다는 단점이 있다. 마지막 개념 지도는 의미 지도 그리기를 통해 학습자가 가지고 있는 지식의 구조화 정도를 측정하는 방식이다. 이상에서 제시한 사전 지식 검사 방법들은 독자적으로 사용하거나 다른 검사들과 함께 사용이 가능하다.

---

10) 이병승, 「필자의 쓰기 주제에 대한 내용 지식이 쓰기 과정과 성취에 미치는 영향」, 고려대학교 박사학위논문, 2014, 60면.

이 책에서는 쓰기 주제에 대한 학생들의 내용 지식을 알아보기 위해 학습자들에게 쓰기 주제를 제시한 후 이에 대해 알고 있는 내용 지식을 문장 단위로 쓰게 하였다.

1.2.2. 분석 기준

분석 대상은 한국어 학습자들이 모국어와 한국어로 산출한 <사전 지식 검사지>와 쓰기 텍스트, 그리고 학습자들을 대상으로 진행한 인터뷰 자료이다. 자료 분석은 양적, 그리고 질적 측면으로 접근하였다. 양적 측면에서는 한국어 학습자들이 창출하고 선별하여 활용하는 과정에서 문자로 표상된 내용 지식을 수치화하여 분석하였고, 질적 측면에서는 전반적인 글에서 내용 지식을 구성할 때 고려해야 할 요건인 통일성, 일관성, 완결성을 기준으로 분석하였다.

먼저 <사전 지식 검사지>와 쓰기 텍스트에 나타난 내용 지식을 양적으로 분석하기 위해 텍스트를 문장 단위로 분류하였다. 이에 관해서는 아래의 선행연구를 참고로 하였다. 텍스트를 분석하는 단위에는 지금까지 주제, 명제, 범주, 기능적 단위 등이 이용되었다.[11] 선행연구에서 담화 종합 텍스트의 분석 모형을 제시한 Spivey(1983; 1991; 1997)는 내용구조 분석 접근법에서 명제를 분석 단위로 삼았다. 여기에서 명제란 "한 주장의 최소 지식 단위로서 진위 판단을 할 수 있는 최소의 의미 단위"이다 (John R. Anderson, 2000:151). 그러나 명제를 단위로 분석하는 방법은 너무 복잡하여 학습자가 쓴 쓰기 텍스트를 분석하는 데는 적합하지 않다. 따라서 이윤빈(2013)에서는 쓰기 텍스트 분석에서 명제를 대체할 수 있는 효

---

11) 이삼형, 「텍스트 구조 분석 연구-화제 전개를 중심으로-」, 『텍스트언어학』6호, 한국텍스트언어학회, 1999, 208면.

율적인 분석 단위로서 '문장'을 제안하였다. 문장은 형식구조 분석 접근법에서 사용해온 분석 단위다. 이 접근법에서 연구자들이 실제로 주목한 것은 문장 전체의 의미가 아닌 문장의 주제였다. 이들은 담화 주제를 발견하거나 텍스트의 일관성을 측정하기 위해 문장 주제들의 표면적 전개 양상을 살폈다. 그러나 문장의 주제만이 아닌 문장 전체의 의미에 주목할 경우, 문장은 텍스트의 형식뿐만 아니라 내용적 측면을 함께 드러내는 분석 단위로 기능할 수 있다. 이에 따라 여기에서는 쓰기 텍스트의 분석 단위를 문장으로 설정한다. 한국어와 모국어 쓰기 텍스트 분석의 예는 다음과 같다.

〈표 4-3〉 한국어 쓰기 텍스트 분석의 예

①	현대사회 급속 발전에 따라 과학기술적으로도 급속적으로 발전하고 있다.
②	현재 우리 광범위적으로 쓰고 있는 스마트폰은 바로 과학기술 발전의 대표적인 생산물이다.
③	이제 스마트폰은 우리 일상생활 중에서 꼭 필요한 물건 중의 하나가 되었다.
④	먼저, 스마트폰은 우리의 생활 더 편리하게 만들어졌다.
⑤	가까운 일로 보면 스마트폰이 있으면 우리 침대에 누워도 신나게 쇼핑할 수 있는 점 있다.
⑥	뿐만 아니라 스마트폰의 인터넷뱅킹의 기능으로 우리 은행 갈 필요가 없을 뿐만 아니라 은행 직원도 업무가 줄일 수 있는 장점 있다.
⑦	또한 스마트폰은 이 세상의 공간적 거리 없애버렸다.
⑧	한국어 와 있는 유학생들이 스마트폰으로 언제나, 어디에 있든지 부모님과 영상 통화할 수 있다.
⑨	그리고 제가 어디에 있든지 여러 명의 친구와 같이 대화할 수 있다.
⑩	그 이외로 스마트폰은 또한 우리가 세상을 알 수 있는 매체다.

⑪	스마트폰으로 실시간 뉴스도 보고 싶은 것을 실시간 검사하면 바로 나오는 점 있다.

⑫	그리고 스마트폰으로 외국어도 공부할 수 있다.
⑬	스마트폰은 우리에게 지식을 알려준 "선생님"이다.
	(하략)

〈표 4-4〉 모국어 쓰기 텍스트 분석의 예

①	隨着科技飛速的發展、信息傳播速度的极大提高, 智能手机不斷刷新着人們的生活。
②	它成爲人類文明發展的一种動力, 代表着科技的進步, 同時也帶來了正面和負面的影響。
③	首先, 智能手机方便了人們的日常生活, 提高了人們的生活和生活品味。
④	對學生而言, 通過智能手机查找學習材料下載學習軟件, 提高了學習效率。
⑤	對社會人士而言, 表達自己的个人觀点、評論, 開闊了人們的視野, 方便了溝通傳播。
⑥	對上班族而言, 它携帶方便、多功能、操作快, 代替了電腦的很多運作。
⑦	對普通生活的人群而言, 游戲、音樂、電影, 隨時隨地的娛樂生活。
⑧	智能手机擁有綜合的辦公功能、丰富的娛樂軟件下載功能, 相比傳統手机, 打破了封閉的視覺和觀念, 爲人類帶來了不少的福利。
	(하략)

〈표 4-3〉과 〈표 4-4〉와 같이 텍스트를 문장들로 나눈 뒤에, 쓰기 텍스트에 나타난 내용 지식들 간의 위계 관계를 파악하고자 각 단위에서 '주제(topic)'와 '진술(comment)'을 식별하였다. 이에 관해서는 이삼형(1999)에서 논의한 주제 전개 방법을 참고하였다. 이삼형(1999)에서는 문장을 주제와 논평의 구조로 분석하는 방법에 대해 논하고 있다. 주제는 문장에서 '무엇에 대하여'에 해당하는 요소로, 그 의미 특성에서 가장 중요

한 것은 대하여성(aboutness)이다. 즉, 주제는 발화에서 언급하고 있는 것이나 언급되고 있는 것으로, 문장에서 이를 파악할 때에는 문법적이 아닌 무엇에 대해 이야기하고 있는가에 초점을 두고 파악해야 한다는 것이다. 이를 바탕으로 이 책에서는 주제의 대하여성을 기준으로 주제와 진술을 다음과 같이 식별하였다.

현재 우리 광범위적으로 쓰고 있는 스마트폰은 바로 과학기술 발전의 대표적인 생산물이다.
　　　　　　　　　　　　　　↑　　　　　　　　　　　　↑
　　　　　　　　　　　　　주제　　　　　　　　　　　진술

[그림 4-2] 문장의 주제와 진술 식별의 예

　[그림 4-2]와 같이 주제와 진술을 식별한 후에 주제에 따라 각 문장들 간의 위계 관계를 구조화하였다. 내용 지식들의 위계화는 Meyer(1984)에서 제시한 미시구조, 거시구조, 최상위구조에 따라 구분하였다. 여기에서 미시구조는 하나의 기본 단위인 명제들이 서로 어떻게 연결되어 있는가를 살핀다. 텍스트에서 문장 이하의 최하 단위가 대상이며, 각 문장 간의 관계를 분석하여 구조를 밝힌다. 거시구조는 문단에 지시된 명제들이나 개념들이 주제에 어떻게 연결되고 있는가를 파악할 수 있다. 따라서 문장 이상의 단위인 문단 정도의 수준에서 포착되는 생각의 흐름을 다룬다. 최상위구조는 텍스트의 유형을 표시해주는 총괄적 구조이다.

　이 책에서는 Meyer(1984)의 최상위구조를 바탕으로 쓰기 텍스트에 나타난 내용 지식들의 위계 관계를 살펴보았다. 그리고 가장 상위 주제를 1수준 주제로 정하고, 상위 주제의 하위 주제들은 그 관계에 따라 각각 2수준 주제와 3수준 주제로 정하였다. <표 4-2>의 쓰기 텍스트에 나타난

①부터 ⑬까지의 내용 지식의 위계 관계를 도식화하면 다음과 같다.

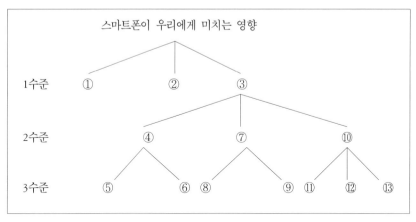

[그림 4-3] 쓰기 텍스트에 나타난 내용 지식 위계화의 예

[그림 4-3]과 같이, 쓰기 주제는 '스마트폰이 우리에게 미치는 영향'이다. 텍스트에서 가장 상위 주제인 1수준에 해당하는 내용 지식은 사회현상(①②)과 긍정적인 영향(③)이고, 2수준에 해당하는 내용 지식은 긍정적인 영향의 유형(④⑦⑩)이며, 3수준에 해당하는 내용 지식은 2수준인 긍정적인 영향에 대한 구체적인 예시(⑤⑥⑧⑨⑪⑫⑬)이다.

이처럼 제시한 절차에 따라 쓰기 텍스트를 분석하고, 이를 바탕으로 모국어와 한국어 쓰기에서 구성한 내용 지식의 양을 측정하였다. 그리고 내용 지식의 질적 측면은 통일성, 일관성, 완결성을 기준으로 분석하였다.

2. 내용 지식 구성의 단계별 분석

본 절에서는 쓰기 과정에서 구성된 내용 지식을 인출 단계, 선별 단계, 창출 단계, 조직 단계에 따라 분석하였다. 각 단계에서 구성된 내용 지식에 대한 분석은 앞선 절에서 제시한 기준에 따라 양적과 질적인 측면에서 진행하였다.

2.1. 내용 지식의 인출

2.1.1. <사전 지식 검사지>에 나타난 내용 지식

쓰기 전에 인출한 내용 지식은 <사전 지식 검사지> 분석을 통해 알아보았다. 사전 지식 검사는 쓰기를 수행하기 전에 이루어진 것으로 학습자가 쓰기 주제에 대해 어느 정도의 내용 지식을 가지고 있는지를 판단하기 위해 진행된 것이다.

<사전 지식 검사지>에 나타난 내용 지식은 앞선 절에서 제시한 분석 기준에 따라 문장의 길이에 관계없이 하나의 정보로 간주될 수 있는 것이면 하나의 내용 지식으로 처리하였다. 분석 결과 모국어와 한국어 <사전 지식 검사지>에 나타난 내용 지식은 다음과 같이 나타났다.

〈표 4-5〉 〈사전 지식 검사지〉에 나타난 내용 지식

학습자	모국어 검사지에 나타난 내용 지식	한국어 검사지에 나타난 내용 지식	모국어, 한국어 검사지에 공동으로 나타난 내용 지식[12]	
S1	17	16	12	71%
S2	14	12	8	57%

S3	10	13	5	50%
S4	15	9	7	47%
S5	12	10	3	25%
S6	7	6	3	43%
S7	12	10	6	50%
S8	8	8	4	50%
S9	7	7	4	57%
S10	7	4	1	14%
S11	5	5	2	40%
S12	13	6	4	31%
S13	7	11	6	86%
S14	16	10	1	6%
S15	10	15	5	50%
S16	6	4	2	33%
S17	19	8	6	32%
S18	8	8	3	38%
S19	11	13	4	36%
S20	10	8	4	40%
계	214	183	90	42%

<표 4-5>와 같이 모국어 검사지에 나타난 내용 지식은 총 214개로 일인당 평균 11개의 내용 지식을 인출하였고, 한국어 검사지에 나타난 내용 지식은 총 183개로 일인당 평균 9개의 내용 지식을 인출한 것으로 나타났다. 그 중 60%(12명)의 학습자가 모국어 지식 검사에서 더 많은 내용 지식을 인출하였는데 평균 4개 정도 더 많았으며 최대 11개의 양적 차이가 났다. 한편 20%(4명)의 학습자가 한국어 지식 검사에서 평균 4개

---

12) <표 4-5>에서 제시한 %수는 모국어, 한국어 검사지에 모두 나타난 내용 지식이 모국어 검사지의 총 내용 지식에서 차지하는 백분율로, 학습자들이 모국어, 한국어에서 동일하게 창출한 내용 지식의 양을 비교하기 위해 제시하였다.

정도의 내용 지식을 더 인출하고 최대 5개의 양적 차이를 보여주었으며, 20%(4명)의 학습자가 모국어와 한국어 지식 검사에서 동일한 양의 내용 지식을 인출하였다. 결과적으로 대부분의 한국어 학습자는 모국어에서 더 많은 내용 지식을 인출하고 있었으나 평균적인 수치로 볼 때 큰 차이가 없음을 알 수 있었다.

그러나 모국어와 한국어 검사지에 나타난 내용 지식이 동일하지는 않았다. 두 검사지에 공동으로 나타난 내용 지식은 총 90개로 일인당 평균 5개의 동일한 지식을 인출하였음을 알 수 있었다. 동일하게 나타난 지식은 학습자별로 차이가 있었다. 가장 적은 차이가 나는 S1의 경우에는 모국어 검사지에 나타난 내용 지식은 17개이고 한국어 검사지에 나타난 내용 지식은 16개로, 그 중 12개(70.6%)의 내용 지식이 동일하였다. 가장 큰 차이가 나는 S14의 경우에는 모국어 검사지에 나타난 내용 지식은 16개이고 한국어 검사지에 나타난 내용 지식은 10개로, 그 중에서 1개(6.3%)의 내용 지식이 동일하였다. 즉, 모국어와 한국어 쓰기 전에 인출한 내용 지식은 양적으로 큰 차이가 나지 않았으나 그 중 동일하게 나타난 내용 지식의 수가 적고, 또한 학습자별로 동일한 내용 지식의 양적 차이가 커서 모국어와 한국어로 인출한 내용 지식이 다르다는 것을 일차적으로 파악할 수 있었다.

학습자들이 인출한 내용 지식이 구체적으로 어떤 면에서 차이가 나는지를 살피고자, 각 내용 지식의 범주를 살피고 동일한 범주에 속하는 내용 지식을 묶어서 세분화하였다. 그 결과, 학습자들은 크게 5개의 하위 범주에 관한 내용 지식을 인출하고 있었다.[13] 그 범주로는 스마트폰의

---

13) 사전 지식 검사지를 작성할 때 연구자는 '스마트폰이 미치는 영향'에 대하여 알고 있는 지식을 모두 정리하라고 하였고 구체적으로 어떤 범주의 내용들을 쓰라고 제시하지는 않았다. 학습자들이 주제에 관한 어떤 범주의 내용 지식을 인출하는지를 분석하는 것 역시 이 책에서 살피려는 문제이기 때문이다.

기능, 사회현상, 긍정적인 영향, 부정적인 영향, 학습자의 견해로 나타났고, 각 범주에 따라 내용 지식은 다음과 같다.

<표 4-6> <사전 지식 검사지>에 나타난 범주별 내용 지식

	기능	사회현상	긍정적 영향	부정적 영향	견해	합계
모국어	6	13	117	76	2	214
한국어	9	10	97	65	2	183

<표 4-6>과 같이 내용 지식을 범주별로 나누어 분석한 결과 모국어와 한국어로 인출한 내용 지식은 스마트폰의 긍정적인 영향과 부정적인 영향에 관한 것이 대부분이었고, 이 외에 스마트폰이라고 하면 쉽게 떠올릴 수 있는 사회적 현상이나 기능에 대한 내용 지식도 여럿 나타났다. 이는 모든 학습자들이 '스마트폰이 우리에게 미치는 영향'이라는 주제에 대해 스마트폰의 긍정적인 영향과 부정적인 영향을 기술하고, 그에 대한 자신의 견해를 제시해야 한다는 기본적인 틀은 인식하고 있음을 알 수 있었다. 모국어와 한국어 검사지의 범주별 내용 지식을 양적으로 비교해 보면 긍정적인 영향에 관한 지식이 20개로 차이가 가장 컸고, 부정적인 영향에 관한 지식이 각각 11개의 차이를 보여준 외에 다른 내용 지식들은 큰 차이가 없었다.

2.1.2. 인출된 내용 지식의 특성

앞서 살펴본 바와 같이, 한국어 학습자의 모국어와 한국어 <사전 지식 검사지>에 나타난 내용 지식은 양적으로 차이가 있음을 보여주고 있다. <사전 지식 검사지>와 인터뷰 자료를 분석한 결과 그러한 차이는 구체적으로 다음과 같은 측면에서 나타나고 있었다.

우선 모국어로 인출한 내용 지식은 한국어로 인출한 내용 지식보다 구체적이다. 모국어 <사전 지식 검사지>에서 나타난 내용 지식은 하나하나의 정보가 구체적으로 기술되어 있었으나 한국어 <사전 지식 검사지>에서는 간단한 문장으로 제한된 정보가 제시되어 있었다. 이는 한국어 능력의 차이에 관계없이 대부분 학습자들의 사전 지식 검사지에 나타난 현상이다. 또한 한국어 <사전 지식 검사지>에는 일부 정확성이 떨어지는 내용 지식도 제시되어 있었다. 아래에 제시한 S8의 자료는 한국어 사전 지식 검사지에서 제시된 내용 지식이 모국어에서 제시된 내용 지식보다 단순하고 정확성이 떨어지는 경우이다.

<S8의 모국어, 한국어 사전 지식 검사지에 나타난 내용 지식>

모국어	한국어
1스마트폰의 유익한 역할 2시간적, 공간적 제약을 받지 않고 의사소통을 더 빠르게 할 수 있다. 특히 유학생들한테 필요하다. 2학교와 교실에 제한되지 않은 새로운 방식의 학습이 가능하다. 2사람들의 휴식 시간을 다채롭게 해준다. 2생활을 더 편리하게 해준다.	1스마트폰의 긍정적인 영향 2업무, 공부 더 편리함(유학생 특히) 2시간을 아낄 수 있다. 2시간, 공간, 지역 상관없이 활용 2의사소통 더 빨리 함

S8의 모국어와 한국어 <사전 지식 검사지>를 살펴보면 각각 4개의 내용 지식이 인출되어 양적으로는 차이가 없음을 알 수 있다. 그러나 모국어 검사지에는 자신의 경험과 스마트폰의 기능이 다양하고 구체적으로 제시된 반면 한국어 검사지에는 스마트폰의 긍정적인 영향들이 간단하게 제시되어 있다. 모국어와 같이 구체적으로 제시되어 있는 내용 지

식은 쓰기를 할 때 바로 사용이 가능하지만 한국어에서 제시한 내용 지식은 간단하게 제시되어 있어 이에 대한 확장이 이루어지지 않으면 사용되지 못하거나 사용이 어려울 가능성이 높다.[14] 한국어 사전 지식 검사지에서 스마트폰을 사용하면 "시간을 아낄 수 있다"는 긍정적인 영향은 시간을 아낄 수 있는 다양한 상황이 존재하기 때문에 구체적으로 어떤 상황인지를 잘 설명하지 않은 내용 지식은 실제적인 쓰기에서 바로 활용하기 어려울 것으로 추측된다.

다음으로 모국어로 인출한 내용 지식은 한국어보다 다양하고 위계적이다. 모국어로 인출한 내용 지식이 한국어보다 다양하다는 점은 <표 4-6>을 통해 확인할 수 있다. 검사지에 나타난 내용 지식을 주제의 층위에 따라 분석해 본 결과 모국어 검사지에서는 내용 지식이 위계적으로 제시된 것이 많은 반면 한국어 검사지에서는 순서에 관계없이 생각나는 순서에 따라 나열해놓은 것이 대부분이었다. 구체적으로 모국어의 경우에는 내용 지식들 간의 위계 관계가 1수준부터 3수준까지 제시되어 있으나, 한국어의 경우에는 대부분 2수준의 내용 지식에 머물러 있음을 알 수 있다. 이를 통해 모국어에서 인출한 내용 지식이 한국어보다 깊이가 있다는 것을 알 수 있으며, 한국어에서 인출한 내용 지식의 다양성이 부족함도 다시 한 번 검증할 수 있다. 아래에 제시한 예는 S2가 작성한 검사지의 부분 내용 지식이다.

---

14) 실제 쓰기를 할 때, 모국어에서는 사전에 인출한 내용 지식이 직접 활용되는 경우가 많았으나, 한국어에서는 내용 지식의 확장이 어려워 이해 불가능한 내용을 생성하는 경우가 많았다.

〈S2의 모국어, 한국어 사전 지식 검사지에 나타난 내용 지식〉

모국어	한국어
1스마트폰의 긍정적인 영향 　2공간적 시간적 거리를 줄일 수 있다. 　　3언제든지 인터넷 접속 　　3자료 수집 가능 　2휴대가 편리하다. 　　3책, 잡지, 논문 읽기 가능 　　3학습이 가능 　2오락 　　3노래듣기 　　3영화보기 　　3라디오듣기 　2저장 　　3필요한 자료를 저장하여 언제든지 　　 열람 　2편집 　　3문서 편집 　　3문서 수정 　2인터넷 채팅 　　3자주 만나지 못하는 친구들과 채팅 　　 가능 　2컴퓨터 대체 가능. 알람 등 기능 추가	1스마트폰의 긍정적인 영향 　2아주 편리하다. 　2문서 편집, 작성, 수정 　2영화보기, 음악듣기, 뉴스보기 　2알람, 메모, 일정, 녹음, 계산 등 　2인터넷 가능, 자료 수집 편리함 　2책읽기, 만화 읽기 　2채팅, 인간관계 유지를 위한 좋은 방법

　위에서 제시한 것처럼, S2는 모국어 검사지에서 '스마트폰의 영향'에 관한 내용 지식을 긍정적인 영향과 부정적인 영향으로 나누어 제시하였다. 긍정적인 영향의 경우 다시 '시간적·공간적 거리의 제한', '휴대편리', '오락', '저장', '편집', '채팅' 등 하위 범주로 세분화한 후 범주별로 구체적인 내용 지식을 제시하였다. 즉, 모국어에서는 내용 지식이 범주별로 위계화가 되어 있고 그 깊이가 3수준에 도달하여 다양하고 깊이 있는 내용 지식을 인출하였다고 할 수 있다. 한국어 검사지에서도 주제

관련 내용 지식을 긍정적인 영향과 부정적인 영향으로 구분하여 제시하였다. 그러나 긍정적인 영향을 제시할 때 이에 관한 하위 범주를 세분화하지 않고 나열만 하고 있었다. 즉, 내용 지식들 사이의 연계 등에 대해서는 고려하지 않고 머릿속에 떠오르는 내용들을 그 순서대로 적은 것이다. 이와 같은 현상은 학습자들이 모국어와 한국어 쓰기를 할 때, 주제에 관한 내용 지식을 인출하는 방식이 다를 수도 있다는 가능성을 제기하고 있다. 이에 대한 원인을 찾고자 아래와 같은 질문을 하였다.

> <질문> 사전 지식은 어떤 순서로 떠올렸나요? 먼저 무엇을 생각하고 다음 무엇을 생각했나요?
> [S1]: 모국어로 사전 지식을 생각 할 때는 이 주제로 스마트폰의 장점과 단점을 쓰고 내 생각을 쓰면 된다는 생각을 해서 장단점에 관한 내용들을 생각했어요. 한국어로 사전 지식을 생각 할 때는 먼저 스마트폰은 우리가 보편적으로 사용하고 있는 것이다. 주위에서 스마트폰을 사용하는 경우를 생각하면서 생각했어요
> [S3]: 중국어로 쓸 때는 장단점을 쓰고 내 생각 쓰면 되겠다고 생각했어요. 장단점을 생각할 때 가장 중요한 것부터 생각하면서 썼어요. 한국어는 일단 생각나는 거 다 적었어요. 혹시 잊어버릴 수 있어서요
> [S14]: 저는 중국어랑 한국어 쓸 때 똑같이 생각하면서 쓴 거 같아요. 먼저 좋은 점 생각하고 나쁜 점 생각했어요. 근데 쓰고 보니까 중국어는 좋은 점 나쁜 점이 나눠졌는데 한국어는 다 섞여있었어요.

위에서 제시한 인터뷰 결과에서는 학습자들이 모국어와 한국어 쓰기에서 내용 지식을 인출할 때의 서로 다른 양상을 보여주고 있다. 이 결과로부터 학습자들은 모국어 쓰기에서 대체적인 글의 구조에 익숙해 있음을 알 수 있다. 따라서 대다수의 학습자들은 모국어 쓰기에서 무의식적이지만 글의 구조에 따라 적합한 사전 지식을 인출하고 있었다. 반면

한국어 쓰기에서는 내용 지식을 인출할 때 글의 구조에 초점을 둔 것이 아니라 보다 많은 사전 지식을 인출하는 데 초점을 두고 있다는 것을 알 수 있다. 그러나 이러한 원인이 곧 내용 지식의 인출 방식의 차이점을 설명할 수 있는 근거가 되지는 못한다. 내용 지식의 인출은 학습자의 머릿속에서 일어나는 복잡한 인지적 활동이므로 사고구술법과 같은 보다 정밀한 연구 방법을 통해 확인해야 할 것이다.

2.2. 내용 지식의 선별

2.2.1. <사전 지식 검사지>에서 선별된 내용 지식

앞선 절에서 <사전 지식 검사지>를 통해 한국어 학습자들이 쓰기를 수행하기 전에 인출한 내용 지식을 살펴보았다. 그러나 검사지에 나타난 내용 지식이 모두 쓰기에 활용되는 것은 아니다. 학습자는 자신이 계획한 글의 기본적인 구조에 따라 필요한 내용 지식을 선별하게 된다. 내용 지식을 잘 선별하여 활용해야 글 전체의 통일성 및 일관성을 확보할 수 있다. 이와 같이 내용 지식의 선별은 쓰기 과정에서 아주 중요한 축을 담당하게 된다.

본 절에서는 <사전 지식 검사지>에 나타났던 내용 지식이 쓰기를 할 때 얼마나 활용되었고, 어떻게 활용되었는지를 살펴봄으로써 내용 지식을 선별할 때 어떤 점을 고려하였는지에 대해 알아보도록 한다. 먼저 사전 지식 검사지>와 쓰기 텍스트를 분석하여 검사지에서 선별된 내용 지식의 수를 파악하였다. 분석 결과는 다음과 같다.

<표 4-7> 〈사전 지식 검사지〉에서 선별된 내용 지식

학습자	모국어			한국어		
	검사지에 나타난 내용 지식	쓰기에 선별된 내용 지식		검사지에 나타난 내용 지식	쓰기에 선별된 내용 지식	
S1	17	11	65%	16	9	56%
S2	14	10	71%	12	5	42%
S3	10	5	50%	13	5	38%
S4	15	6	40%	9	8	89%
S5	12	3	25%	10	5	50%
S6	7	4	57%	6	3	50%
S7	12	7	58%	10	6	60%
S8	8	6	75%	8	6	75%
S9	7	6	86%	7	7	100%
S10	7	4	57%	4	1	25%
S11	5	3	60%	5	3	60%
S12	13	10	77%	6	4	67%
S13	7	5	71%	11	10	91%
S14	16	9	56%	10	6	60%
S15	10	6	60%	15	4	27%
S16	6	1	17%	4	4	100%
S17	19	9	47%	8	5	63%
S18	8	3	38%	8	6	75%
S19	11	8	73%	13	12	92%
S20	10	7	70%	8	6	75%
계	214	123	57%	183	115	63%

<표 4-7>과 같이 쓰기 전에 인출한 내용 지식은 모국어 쓰기를 할 때 123개가 선별되어 쓰기 텍스트에서의 활용률은 57%에 달하였고, 일

인당 평균 6개의 내용 지식을 선별한 것으로 나타났다. 또한 한국어 쓰기를 할 때에는 115개가 선별되어 활용률은 63%에 달하였고, 일인당 선별한 내용 지식은 모국어 쓰기와 같이 평균 6개로 나타났다. 이러한 수치로 볼 때 한국어 쓰기에서 미세한 정도이지만 내용 지식이 더 선별되었음을 알 수 있다. 구체적으로 어떤 내용 지식이 선별되었는지를 살펴고자 <표 4-6>에서 제시한 범주에 따라 선별된 내용 지식을 파악하였다. 결과는 다음과 같다.

〈표 4-8〉〈사전 지식 검사지〉에서 선별된 범주별 내용 지식

	기능	사회현상	긍정적인 영향	부정적인 영향	견해	합계
모국어	4 (67%)	3 (23%)	66 (56%)	49 (64%)	1 (50%)	123 (57%)
한국어	5 (56%)	6 (60%)	53 (55%)	49 (75%)	2 (100%)	115 (63%)

<표 4-8>에서 제시된 바와 같이, 모국어 쓰기에서는 '기능' 범주의 내용 지식의 활용률이 67%로 가장 높았고 '사회 현상' 범주의 내용 지식 활용률이 23%로 가장 낮았다. 또한 '부정적 영향', '긍정적 영향', '견해' 범주에서도 각각 64%, 56%, 50%의 내용 지식이 선별되었음을 알 수 있었다. 한편 한국어 쓰기에서는 '견해' 범주의 내용 지식 활용률이 100%로 가장 높았고, 기타 범주에서도 모두 55% 이상의 내용 지식이 선별되어 있었다.

2.2.2. 선별된 내용 지식의 특성

앞서 살펴본 바와 같이, 학습자들은 한국어 쓰기를 할 때 더 많은 내용 지식을 선별하였음을 알 수 있다. 본 절에서는 쓰기 과정에서 구체적으로 어떤 내용 지식을 선별하였는지, 또 어떻게 선별하였는지를 학습자들이 산출한 쓰기 텍스트 분석을 통해 확인하도록 한다. 아래에서 제시한 예는 S1이 모국어와 한국어 쓰기에서 스마트폰의 긍정적인 영향에 관한 내용 지식을 선별한 것이다. 쓰기 전에 인출한 내용 지식이 선별되어 활용된 것은 밑줄을 그어 표시하였다.

〈S1의 모국어, 한국어 사전 지식 검사지에서 선별된 내용 지식의 예〉

모국어 사전 지식 검사지의 내용 지식	모국어 쓰기를 위해 선별된 내용 지식
1스마트폰의 긍정적인 영향 　2시간 제약을 받지 않음 　2공간 제약을 받지 않음 　2네이비게이션 　2영상통화 　2여러 명이 함께 영상통화 　2인터넷 뱅킹 　2실시간 뉴스 시청 　2학습 　2수업 출석 체크 및 등록금 납부 　2TV시청 　2인터넷 쇼핑	1스마트폰의 긍정적인 영향 　<u>2공간 제약을 받지 않음</u> 　<u>3실시간 최신 뉴스 검색 가능</u> 　<u>3원격교육 가능</u> 　3언제든지 정보 검색 가능 　2시간 절약 　<u>3은행업무</u> 　　4고객 　　4은행직원 　2인터넷 표, 호텔 등 예약 　<u>2인터넷 쇼핑</u>

한국어 사전 지식 검사지의 내용 지식	한국어 쓰기를 위해 선별된 내용 지식
1스마트폰의 긍정적인 영향 　2TV시청 　2영상통화	1스마트폰의 긍정적인 영향 　<u>2인터넷 쇼핑</u> 　<u>2인터넷 뱅킹</u>

2인터넷 쇼핑 2인터넷 병원, 식당 예약 2모바일 교육 2실시간 뉴스 시청 2인터넷 뱅킹 2게임 2네이비게이션 2지도 검색	2영상통화 2메신저 2<u>뉴스 실시간 검색, 정보 검색</u> 2<u>외국어 학습</u>

위에서 제시한 것처럼, S1의 모국어와 한국어 검사지에서 나타난 내용 지식은 모두 위계화가 되지 않고 순서에 관계없이 나열되어 있었다. 모국어 쓰기 텍스트를 살펴보면 2수준, 3수준, 4수준에 해당하는 내용 지식이 총 10개가 나타났는데, 이 중 사전 검사지에서 선별된 내용 지식은 5개로 각각 2수준과 3수준에 해당되는 지식이었다. 즉, 학습자는 모국어 쓰기에서 내용 지식을 선별할 때에는 2수준의 주제를 설정한 후 그 주제에 적합한 2수준과 3수준의 내용 지식을 선별하였음을 알 수 있다. 따라서 선별된 내용 지식들은 앞뒤의 내용 지식들과 상호적으로 긴밀하게 연결되었고 일관성을 갖추고 있다.

반면 한국어 쓰기 텍스트에서는 2수준의 내용 지식만 6개가 나타났는데 그 중 사전 검사지에서 선별된 내용 지식이 5개였다. 이는 한국어 쓰기에서 내용 지식을 선별할 때에는 위계에 대한 고려가 없이 2수준의 내용 지식을 그대로 사용하였음을 알려준다. 구체적으로 인터넷 쇼핑과 인터넷 뱅킹은 스마트폰이 일상생활의 측면에서 우리에게 주는 편리함으로 한 범주로 묶을 수 있고, 영상통화와 메신저 역시 스마트폰의 통화 기능으로 묶을 수 있으나, 학습자는 이러한 상호관계를 고려하지 않고 무작위로 선별하여 나열하고 있었다. 따라서 모국어 검사지에서 선별된 지식들은 새로 창출되는 내용 지식과 어울려 전체 문단의 일관성을 확보하고 있으나, 한국어 검사지에서 선별된 지식들은 전체 글에서의 중요도나 앞뒤 내용 지식들 간의 연계가 고려되지 못하고 나열형식으로 전개되어 글의 일관성이 부족한 결과를 초래하게 된 것이다. 즉, 한국어 쓰기에서는 모국어와 달리 내용 지식을 선별함에 있어 글의 전반적인 구조를 염두에 두면서 선별하는 것을 보여준다고 할 수 있다.

이는 또한 학습자들이 인출한 내용 지식을 어떻게 활용할 것인지에 대한 계획이 충분하지 못함을 알려준다. 본격적인 쓰기를 위한 계획하기 단계에서는 글의 주제를 정하고 이러한 주제를 어떤 구조에 따라 쓸 것인지 기본적인 틀을 구상하게 된다. 이러한 틀은 큰 주제, 1수준의 주제, 2수준의 주제로 구체적으로 이루어질 수 있으며 이러한 틀에 따라 어떤 내용 지식을 사용할 것인지를 선별하게 된다. 그러나 계획하기가 간단하게 이루어진다면 구체적으로 어떤 내용 지식을 선별하여 사용할 것인지에 대한 고민은 이루어지지 않을 가능성이 크다. 결국 모국어와 한국어 쓰기에서 비슷한 내용 지식을 선별하더라도 선별 방식이나 기준은 서로 다르며, 이러한 원인으로 선별된 내용 지식이 활용되는 양상도 다르게 나타나고 있음을 알 수 있다.

<표 4-7>에서 살펴본 바와 같이, 한국어 쓰기에서는 모국어 쓰기에 비해 미세한 정도의 내용 지식을 더 선별하고 있었다. 그러나 S1의 텍스트가 보여준 것과 같이, 더 많은 내용 지식이 선별되었다고 하여 글의 질이 더 좋은 것은 아니다. S1외에도 대다수의 학습자들이 산출한 한국어 쓰기 텍스트는 내용 지식들의 연결성이나 일관성이 부족하였다. 이에 대한 원인을 분석하고자 학습자들이 내용 지식을 어떻게 선별하는지에 대해 인터뷰를 진행하였다.

<질문> 쓰기 전에 생각해 낸 내용 지식들을 쓰기에 모두 사용했나요? 아

니면 어떤 기준에 따라 선별해서 활용했나요?

[S4]: 모두 사용하지 않았어요. 사용할 때 내가 보기에 재밌는 거 골랐어요. 그래서 할아버지가 스마트폰 게임하는 걸 활용했어요.

[S5, S8]: 골라서 사용하긴 했는데, 어떤 기준에 따라 고를지는 생각 안한 것 같아요.

[S9]: 딱히 골라서 사용하는 거 아니고 아까 생각한 내용들을 그대로 사용해서 써요.

인터뷰를 진행한 결과, 대다수의 학습자들은 쓰기를 할 때 어떤 내용 지식을 선별할지, 어떻게 선별할지에 대해 구체적으로 고민해본 적이 없다고 하였다. 이러한 현상은 모국어와 한국어 쓰기에서 모두 나타났다. 모국어로 쓰기를 할 때에는 내용 지식의 선별을 중요하게 생각하고 있으나 굳이 선별 기준을 고려하지 않아도 경험에 근거하여 글의 구조에 적합한 내용 지식들을 어려움 없이 선별할 수 있다고 하였다. 한국어 쓰기에서는 <사전 지식 검사지>에 나타난 내용 지식을 그대로 사용한 경우가 많았고 내용 지식의 양이 많아서 사용이 어려울 경우에만 선별했다고 하였다. 그러나 내용 지식을 선별할 경우 보편적으로 경험할 수 있는 내용과 본인이 재미있다고 생각하는 내용 지식을 우선적으로 선별하여 활용하는 정도에 그치고 있었다. 즉, 대다수의 학습자가 한국어 쓰기에서 자신의 직감에 따라 내용 지식을 선별한다는 것으로, 한국어 쓰기에서 내용 지식을 선별하는 능력이 미흡함을 알 수 있었다.

즉, 학습자들은 모국어 쓰기에 관해서는 많은 교육을 받았고 써 본 경험이 많기 때문에 내용 지식을 선별하는 능력이 내재화가 되었지만 한국어 쓰기에서는 충분한 교육이 이루어지지 못하였기 때문에 선별 능력이 내재화되지 못한 것이다. 따라서 모국어 쓰기에서 내용 지식을 선별하는 방법들이 한국어 쓰기를 할 때에는 적용이 불가능하게 된다. 그럼에도 불구하고 학습자들은 모국어와 같이 내용 지식의 선별에 관한 충분한 계획을 하지 않는 습관을 그대로 한국어 쓰기에 유지하고 있다. 이러한 원인으로는 학습자들이 인출한 내용 지식을 어떻게 선별하여 쓸 것인지에 대한 계획의 중요함을 인식하지 못하였고 어떻게 선별하는지 그 방법에 익숙하지 못하다는 점을 들 수 있다.

2.3. 내용 지식의 창출

2.3.1. 쓰기 과정에서 창출된 내용 지식

쓰기에 필요한 내용 지식은 쓰기를 시작하기 전에 인출될 뿐만 아니라 쓰는 과정에서 정보의 부족함을 느꼈을 때 학습자가 의도적으로 창출할 수 있다. 쓰기 과정에서 창출하는 내용 지식은 단순히 학습자가 이미 알고 있는 사전 지식을 인출해내는 것만이 아니다. 학습자는 지금까지 완성한 텍스트를 바탕으로 텍스트에 활용한 내용 지식과 연결 지어 필요한 내용 지식이 무엇인지를 판단해야 한다. 또한 판단에 따라 새로운 내용 지식을 창출해내야 한다.

쓰기 과정에서 새로 창출한 내용 지식은 <사전 지식 검사지>와 쓰기 텍스트 분석을 통해 파악할 수 있다. 연구자는 쓰기 텍스트 중 <사전 지식 검사지>에서 선별된 내용 지식을 제외한 나머지 부분을 쓰기 중에 새로 창출된 내용 지식으로 보았다. 분석 결과는 아래의 표와 같다.

<표 4-9> 쓰기 과정에서 창출된 내용 지식

학습자	모국어			한국어		
	텍스트에 나타난 내용 지식	쓰기 중 창출된 내용 지식		텍스트에 나타난 내용 지식	쓰기 중 창출된 내용 지식	
S1	28	17	61%	20	11	55%
S2	22	12	55%	18	13	72%
S3	22	17	77%	16	11	69%
S4	18	12	67%	14	6	43%
S5	24	21	88%	25	20	80%
S6	20	16	80%	15	12	80%
S7	21	14	67%	18	12	67%
S8	18	12	67%	14	8	57%
S9	20	14	70%	16	9	56%
S10	15	11	73%	9	8	89%
S11	21	18	86%	19	16	84%
S12	26	16	62%	16	12	75%
S13	22	17	77%	20	10	50%
S14	26	17	65%	21	15	71%
S15	16	10	63%	17	13	76%
S16	14	13	93%	11	7	64%
S17	24	15	63%	19	14	74%
S18	18	15	83%	13	7	54%
S19	23	15	65%	19	7	37%
S20	20	13	65%	18	12	67%
계	418	295	71%	338	223	66%

<표 4-9>와 같이 모국어 쓰기 과정에서 새로 창출된 내용 지식은 295개로 쓰기 텍스트에 나타난 내용 지식 418개 중 71%를 차지하였다.

한편 한국어 쓰기 과정에서 새로 창출된 내용 지식은 223개로 총 338개의 내용 지식 중 66%를 차지하였다. 이러한 결과로 볼 때, 모국어와 한국어 쓰는 과정에서 많은 양의 내용 지식이 새롭게 창출되고 모국어 쓰기에서 더 많은 내용 지식이 창출되었음을 알 수 있다. 이는 모국어와 한국어 쓰기를 하는 과정에서 내용 창출 활동이 활발하게 일어나고 있다는 것을 보여준다. 또한 쓰기가 계획대로 이루어지는 과정이 아닌 창의적 과정임을 증명한다. 즉, 쓰기는 사전에 인출한 내용 지식들을 단순히 활용하여 이루어지는 것이 아니라, 글의 주제와 연결 짓고 선별하여 활용하는 인지적인 활동임을 보여주는 것이다.

다음에서는 학습자들이 쓰기 과정에서 어떤 내용 지식을 창출하였는지를 구체적으로 살피고자 <표 4-5>에서 제시한 범주에 따라 전체 텍스트의 내용 지식과 창출된 내용 지식의 양을 파악하였다. 결과는 다음과 같다.

<표 4-10> 쓰기 과정에서 창출된 범주별 내용 지식

		기능	사회 현상	긍정적인 영향	부정적인 영향	견해	합계
모국어	텍스트	8	52	158	148	52	418
	창출된 내용 지식	4 (50%)	49 (94%)	92 (58%)	99 (67%)	51 (98%)	295 (71%)
한국어	텍스트	8	43	130	120	37	338
	창출된 내용 지식	3 (38%)	37 (86%)	77 (59%)	71 (59%)	35 (95%)	223 (66%)

<표 4-10>에서 보는 바와 같이, 모국어 쓰기 과정에서는 '견해'와 '사회 현상' 범주에서 새로 창출한 내용 지식이 각각 98%와 94%를 차

지하여 이 범주에 관한 대부분의 내용 지식이 쓰기 과정에서 창출되었음을 알 수 있었다. 그 다음으로 '부정적인 영향'에 관한 내용 지식이 67%를 차지하였고, '긍정적인 영향'과 '기능'에 관한 내용 지식은 각각 58%와 50%를 차지하고 있었다. 한국어 쓰기 과정에서도 '견해'와 '사회 현상'에 관해 새로 창출한 내용 지식이 각각 95%와 86%로 가장 많았다. '긍정적인 영향'과 '부정적인 영향'에 관한 내용 지식은 각각 59%씩 창출되었고, '기능'에 관한 내용 지식은 38%가 창출되어 있었다. 창출된 지식이 전체 텍스트에서 차지하는 비율을 비교해볼 때 한국어 쓰기의 '긍정적인 영향' 범주에서 창출된 내용 지식은 모국어 쓰기보다 높은 비율을 보여주었다. 그 외의 기타 범주에서 창출된 내용 지식은 모두 모국어 쓰기에서 더 높은 비율을 보여주었다.

한편 모국어와 한국어 쓰기 과정에서 창출된 내용 지식의 수를 비교해볼 때 모국어 쓰기의 '긍정적인 영향'과 '부정적인 영향' 범주에서 평균 한 개 정도의 내용 지식을 더 많이 창출하고 있어 유의미한 차이는 보이지 않고 있었다. 또한 기타 범주에서도 미세한 정도지만 모국어 쓰기에서 더 많은 내용 지식이 창출되어 모국어 쓰기를 할 때 한국어보다 내용 지식을 더 많이 창출하고 있음을 알 수 있다.

2.3.2. 창출된 내용 지식의 특성

이 절에서는 학습자들이 산출한 쓰기 텍스트를 분석하여 구체적으로 어떤 내용 지식들이 창출되었고, 어떻게 창출되었는지를 살펴보도록 한다. 새로 창출된 내용 지식의 특징을 구체적으로 분석하고자 쓰기 텍스트를 서론, 본론, 결론으로 나누어 살펴보았다.

본 실험에서 학습자들이 산출한 모국어와 한국어 쓰기 텍스트는 대체로 서론-본론-결론의 구조로 구성되었다. 서론에서는 스마트폰의 기능이나 현재 사회 현상에 대한 내용을 제시하면서 본론을 이끌어내고 있었다. 그리고 본론에서는 스마트폰의 긍정적인 영향과 부정적인 영향을 기술하고 예를 들어 설명하였으며, 마지막 결론에서는 앞에서 기술한 내용 지식들을 요약하여 정리하고 주제에 대한 자신의 견해를 제시하였다. 이를 요약하여 제시하면 다음과 같다.

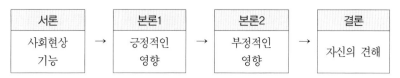

[그림 4-4] 모국어와 한국어 쓰기 텍스트의 기본 구조

아래에서는 [그림 4-4]에서 제시한 텍스트의 구조에 따라 새로 창출된 내용 지식을 살펴보도록 한다. 먼저 모국어와 한국어 쓰기 텍스트의 서론 부분을 살펴보면, 스마트폰의 기능에 대해 포괄적으로 설명하거나 스마트폰의 사용을 둘러싼 현재 사회의 여러 가지 현상을 기술하였다. <표 4-6>에서 살펴보았듯이, 스마트폰의 '기능' 및 '사회 현상' 범주에 관한 내용 지식은 쓰기를 수행하기 전에는 미흡하게 인출되었기 때문에 쓰는 과정에서 즉각적으로 창출하게 된다. 서론 부분에서 창출된 내용 지식의 예를 들면 다음과 같다.

〈S14 쓰기 텍스트의 서론 부분에서 창출된 내용 지식의 예〉

모국어	한국어
1스마트폰은 인류사회와 과학발전의 산물 1우리의 생활 곳곳에 존재	1휴대전화의 등장 1휴대전화의 발전 1아이폰의 등장

S14의 텍스트 서론 부분에 활용된 내용 지식은 쓰기 중에 즉각적으로 창출된 것이다. 모국어와 한국어 텍스트의 서론 부분은 각각 다른 내용 지식이 창출되어 있는데, 모국어 쓰기에서는 스마트폰에 관한 사회 현상을 기술하였고, 한국어 쓰기에서는 휴대전화의 등장으로부터 대표적인 스마트폰인 아이폰의 등장까지 연결하여 기술하고 있다. 서로 다른 내용 지식이지만 내용 지식들 간에는 서로 연결성을 가지며, 본론 부분에서 기술할 내용 지식을 이끌어내기에 충분하다.

다음에서는 쓰기 텍스트의 본론 부분에서 새로 창출된 내용 지식을 살펴보도록 한다. 본론에는 스마트폰의 긍정적인 영향과 부정적인 영향에 관한 내용 지식들이 제시되어 있었다. 여기에는 <사전 지식 검사지>에서 선별된 지식과 새로 창출된 내용 지식이 함께 활용되었다. 따라서 본론 부분에서는 내용 지식들 간의 연결이나 통합이 중요하게 이루어진다고 할 수 있다. 모국어와 한국어 쓰기 텍스트의 본론 부분에서 새로 창출된 내용 지식의 예를 들면 다음과 같다. 표에서 밑줄을 그어 표시한 부분은 <사전 지식 검사지>에서 선별된 내용 지식이고, 표시가 없는 부분은 쓰기 과정에서 새로 창출된 내용 지식이다.

〈S9 쓰기 텍스트의 본론 부분에서 창출된 내용 지식의 예〉

모국어	한국어

1스마트폰의 부정적인 영향
 2생활에 미치는 부정 영향
  3사람들 간의 교류 감소
  3학습 및 작업 효율 떨어짐
 2눈에 미치는 부정 영향
 2사람들 심리에 미치는 부정 영향
  3최신 폰의 사용을 신분의 상징으로 봄
  4중국에서 아이폰6을 신장6이라 부름15)
	1스마트폰의 부정적인 영향
	 2시력이 나빠짐
	 2사람들 간의 교류 감소
	 2일을 할 때 집중을 못함
	 2스마트폰으로 범죄행위를 저지름

S9는 모국어 쓰기를 할 때 <사전 지식 검사지>에서 두 개의 내용 지식을 선별하여 사용하였다. 따라서 두 개를 제외한 다섯 개의 내용 지식은 쓰는 과정에서 새로 창출한 것이다. 새로 창출한 내용 지식에는 2수준의 내용 지식과 3수준 및 4수준에 해당하는 내용 지식이 포함되어 있었다. 구체적으로 스마트폰의 부정적인 영향을 '생활', '건강', '심리'의 세 측면으로 나누고 각 측면에 대한 유형과 그에 대한 구체적인 예시를 제시하여 내용의 논리성과 일관성을 확보하고 있었다. 또한 스마트폰이 사람의 심리에 미치는 부정적인 영향에 관해 "중국에서 아이폰6을 신장6이라고 부른다"는 특별한 예시가 제시되어 있다. 이는 모국어 쓰기 과정에서 글의 전반적인 구조를 고려하여 필요한 내용 지식을 새로 창출하였음을 보여준다. 또한 학습자가 자신의 주장을 뒷받침해줄 수 있는 증거를 제시하려고 노력했음을 알 수 있다.

반면 한국어 쓰기에서는 <사전 지식 검사지>에 제시했던 네 개의 내용 지식을 그대로 나열하여 사용하였고 다른 내용 지식은 보충하지 않았다. 따라서 2수준의 내용 지식이 서로 긴밀하게 연결되지 못하였고, 2수준의 내용 지식을 뒷받침해줄 수 있는 내용 지식이 제시되지 않아 자신의 주장을 증명하기 위한 논리성이 부족하였다. 또한 모국어 쓰기에서는 현재 중국 사회에서 발생하고 있는 예시를 들어 자신의 주장을 강조하고 있으나 이러한 예시는 한국어 쓰기에서는 나타나지 않았다.

S4의 쓰기 텍스트의 본론 부분에도 S9와 같이 모국어 쓰기 텍스트에서는 구체적인 예시가 제시되어 있으나 한국어 쓰기에서는 제시되지 않고 있었다.

---

15) 중국에서 아이폰 6을 부의 상징으로 보고 부유한 사람으로 보이고 싶은 마음에 신체의 신장을 팔아서 그 돈으로 스마트폰을 산다는 내용이다.

〈S4 쓰기 텍스트의 본론 부분에서 창출된 내용 지식의 예〉

모국어	한국어
2스마트폰 사용이 사람들 간의 교류를 감소 3중국의 뉴스를 예로 제시 3예를 통한 자신의 생각 제시	2스마트폰 사용이 사람들 간의 교류 감소

S4는 모국어와 한국어 〈사전 지식 검사지〉에서 모두 스마트폰이 사람들 간의 교류를 감소시킨다는 부정적인 영향을 선별하였다. 선별된 내용 지식을 활용할 때 모국어 쓰기에서는 그에 대한 구체적인 예시를 들어 설명하고, 그런 부정적인 영향이 미치는 영향을 추가하여 서술하였다. 그러나 한국어 쓰기에서는 구체적인 예시를 제시하지 않았다. 즉, 많은 학습자들이 모국어 쓰기에서는 자신의 주장을 보충 설명할 수 있는 구체적인 예시를 들거나 자신의 견해를 제시하는 다양한 방법들을 사용하고 있지만 한국어 쓰기에서는 이와 같이 새로운 내용 지식을 구성하지 않고 있다는 것이다.

마지막으로 쓰기 텍스트의 결론 부분에서는 한편의 글을 정리하는 부분이므로 여기에는 앞부분의 내용 지식들을 요약하거나 학습자의 생각을 표현하게 된다. 아래 제시한 자료는 S9가 산출한 텍스트의 결론 부분에 제시된 내용이다.

〈S6 쓰기 텍스트의 결론 부분에서 창출된 내용 지식의 예〉

모국어	한국어
1자기 견해 2사물의 양면성 3사물의 양면성을 칼에 비유하여 설명 2자기 견해 제시 1해결책	1자기 견해 1해결책

S6이 산출한 모국어 텍스트의 결론에서는 자신의 관점을 도출하기 위해 본론의 내용을 바탕으로 사물이 양면성을 가진다는 예시를 들고 있다. 사물이 양면성을 가진다는 내용은 본론에서 제시한 스마트폰의 부정적인 영향에 대한 간단한 정리라고 할 수 있다. 따라서 본론과 결론의 내용이 유기적인 조합을 이루고 있고, 이를 바탕으로 학습자의 관점이 제시되어 내용의 연결성과 논리성을 갖추고 있다.

반면 한국어 텍스트의 결론에는 바로 자신의 견해를 제시하고 문제에 대한 해결책을 제안하고 있다. 따라서 모국어 쓰기 텍스트에 나타난 학습자의 견해는 본론의 내용을 바탕으로 도출되어 내용들이 긴밀하게 연결되어 논리성을 갖추고 있지만 한국어 쓰기 텍스트에 나타난 관점은 본론과의 내용과 적절하게 연결되지 못하였다. 본론에서 제시한 내용 지식을 요약하는 것은 쓰기에서 필수적인 부분은 아니다. 그러나 자신의 생각을 주장하는 데 하나의 근거로 될 수 있으며 본론과 결론 부분을 매끄럽게 이어주는 역할을 하게 된다. 이러한 측면에서 볼 때, 학습자들은 한국어 쓰기에서는 자신의 생각을 표현하는 표현적 쓰기나 근거를 바탕으로 주장하는 논리적인 쓰기에 숙련되지 못하였음을 보여준다. 또한 쓰기 과정에서 자신의 견해가 무엇인지, 그것을 어떻게 설득력 있게 표현할 것인지에 대한 충분한 사고 활동이 이루어지지 않았음을 추측할 수 있다.

이상에서 살펴본 바와 같이, 한국어 학습자가 쓰기 과정에서 새로 창출한 내용 지식은 대체적으로 다음과 같은 특성을 보여주었다.

우선 서론 부분에서는 서로 다른 내용 지식들이 창출되어 있었으나 각각 글의 주제와 통일성을 갖추어 문제점을 보이지 않았다. 본론 부분에서는 모국어 쓰기에 비해 한국어 쓰기에서 내용 지식 간의 연결과 통합이 다소 부족하였고, 특히 주장을 뒷받침할 수 있는 증거들이 적절하게 창출되지 못하고 있었다. 결론 부분에서는 모국어 쓰기에 비해 앞부분에 대한 요약정리가 부족하였고, 본론과 자신의 견해가 긴밀하게 연결되지 못하였다.

위와 같은 문제점이 발생하게 된 원인을 분석하고자, 쓰기 과정에서의 내용 지식 창출에 관해 다음과 같이 인터뷰를 진행하였다. 구체적인 내용은 다음과 같다.

> <질문> 쓰기 과정에서 새로운 내용 지식을 어떻게 창출했습니까?
>
> [S12]: 중국어로 쓸 때에는 제가 뭘 쓸지 다 알아요. 그래서 생각에 따라 아까 생각했던 내용 지식을 선택해서 쓰고 필요한 건 바로바로 생각해서 쓸 수 있어요. 근데 한국어는 어려워요. 생각나는 거 있음 그대로 썼어요.
>
> [S18]: 중국어 쓸 때 재밌게 써야 돼요. 그래서 단점 같은 것도 그냥 쓰면 안 되고 재밌는 예를 들어줬어요. 한국어는 많이는 못 쓰고 장점이나 단점 몇 개 쓸 수 있으면 돼요.
>
> <질문> 한국어 쓰기 텍스트의 내용이 충분하다고 생각합니까? 만약 충분하지 않다면 구체적으로 어떤 내용이 부족하다고 생각합니까?
>
> [S9]: 중국어로 쓸 때에는 좋은 내용 만들어야 되잖아요. 그래서 많이 쓰긴 했는데 부족한 것 같아요. 한국어 쓰기는 일단 글자 수를 채웠으니까 더 안 써도 될 것 같아요.
>
> [S10]: 난 한국어를 잘 못하니까 틀린 단어나 문법이 없으면 돼요. 내용은 중요하게 생각하지 못했어요.

인터뷰 자료에서 알 수 있듯이, 학습자들은 모국어 쓰기 과정에서는 전반적인 글의 구조를 염두에 두고, 필요한 내용 지식을 즉각적으로 판단하여 창출하였으나 한국어 쓰기에서는 질보다는 양에 초점을 두고 있었다. 또한 학습자에 따라 자신이 산출한 내용에 대한 평가도 다르게 나타났다. 글의 내용이 충분하다고 대답한 학습자들의 경우, 모국어로 쓰기를 할 때에는 보다 풍부하고 논리적인 내용 구성을 해야 한다는 생각을 가지고 새로운 내용 지식을 창출하였으나, 한국어로 쓰기를 할 때 크게 내용의 부족을 느끼지 못하였다고 하였다. 모국어 쓰기는 모국어 쓰기인 만큼 내용적 측면이나 구조적 측면에서 질적으로 우수한 결과물을 완성해야 된다는 부담감이 있지만 한국어 쓰기는 외국어이므로 언어적으로 정확하고 주제에 적합한 내용 지식을 활용하여 요구한 글자 수만 채우면 된다고 생각하고 있었기 때문이다.

한편 글이 내용이 충분하지 않다고 대답한 학습자들의 경우 구체적으로 어떤 내용이 부족하다고 생각하는지에 대해서는 대부분이 대답을 못하였다. 자신이 창출한 내용 지식 중 어떤 점이 부족하고 필요한지를 잘 모르고 있기 때문이다. 이 외에 일부분 학습자들은 한국어 쓰기에서도 새로운 내용 지식을 창출하여 활용하고 싶었으나 어휘, 문법의 부족으로 표현이 불가능하여 사전 지식 검사지에 제시한 내용 지식을 활용할 수밖에 없었다고 하였다.

즉, 학습자들이 한국어 쓰기에서 새로운 내용 지식을 창출할 때 발생한 문제점은 일차적으로 학습자들이 모국어와 한국어 쓰기를 바라보는 관점의 차이에서 생겨난 것으로 볼 수 있다. 그리고 이차적으로는 한국어 쓰기를 할 때 글에서 부족한 내용 지식이 무엇이고, 부족한 것을 어떻게 보충해야 하는지를 몰라서 생긴 것이라고 할 수 있다. 물론 4급 학습자의 경우 한국어능력의 부족으로 내용 지식의 창출이 어려운 상황도 있으나, 언어적 지식은 쓰기에서 가장 기본적인 구성 요인으로서 이는 유의어를 활용하거나 쉬운 어휘와 문법을 활용하는 활동을 통해 충분히 극복할 수 있는 부분이다. 반면 쓰기에 적합한 내용 지식을 창출해내고 적절하게 활용하는 방법은 한두 번 정도의 연습을 통해 향상될 수 있는 부분이 아니므로 다양한 형식의 한국어 쓰기 수업을 통해 교육되어야 할 내용이라 할 수 있다.

2.4. 내용 지식의 조직

2.4.1. 내용 지식 조직의 유형

본 절에서는 학습자들의 모국어와 한국어 쓰기 텍스트에 나타난 내용 지식의 조직 양상을 비교해서 살필 것이다. 이를 위해 앞선 절의 [그림 4-3]에서 제시한 텍스트의 내용 지식을 위계화하는 방법에 따라 모국어와 한국어 쓰기 텍스트에 나타난 내용 지식을 1수준 주제, 2수준 주제, 3수준 주제로 위계화 하고, 그 관계를 바탕으로 전반적인 글의 구조를 살펴보았다. 그 결과, 학습자들의 모국어와 한국어 쓰기에서 인출, 선별, 창출된 내용 지식의 조직 양상은 아래와 같은 세 가지 유형으로 분류할 수 있었다.

먼저 첫 번째 유형은 모국어와 한국어 쓰기의 1수준 주제와 2수준 주제가 같은 내용 지식으로 조직된 유형이고, 두 번째 유형은 모국어와 한국어 쓰기의 1수준 주제만 같은 유형으로 1수준 주제에 속하는 세부적인 내용 지식은 다르게 구성된 유형이며, 마지막 유형은 모국어와 한국어 쓰기의 구조가 완전히 다른 유형이다. 각각의 유형에 속하는 학습자들은 다음과 같다.

<표 4-11> 주제에 따른 내용 지식의 조직 유형

조직 유형	학습자	
1수준과 2수준 주제가 같은 유형16)	S5, S11	10%
1수준 주제만 같은 유형	S1, S2, S3, S4, S6, S7, S8, S9, S12, S13, S14, S15, S17, S19,	75%

	S20	
1수준과 2수준 주제가 모두 다른 유형	S10, S16, S18	15%

<표 4-11>에서 알 수 있듯이, 모국어 쓰기와 한국어 쓰기 텍스트에서 1수준 주제만 같은 유형이 75%로 압도적으로 많은 수치를 보여주었다. 그 다음으로 1수준과 2수준 주제가 모두 다른 유형이 3명으로 전체의 15%를 차지하고, 1수준과 2수준 주제가 같은 유형이 2명으로 전체의 10%를 차지하고 있었다.

첫 번째 유형은 모국어 쓰기와 한국어 쓰기 텍스트에 나타난 구조가 내용적 측면에서 가장 비슷한 유형이다. 이 유형에 속하는 학습자들은 쓰기 주제와 쓰려는 내용에 대한 구체적인 틀을 가지고 있다고 할 수 있다. 구체적으로 보면 1수준의 주제와 2수준의 주제가 같았고, 3수준의 주제는 내용이 같았으나 배열순서 혹은 양적으로 약간의 차이를 나타내고 있었다. 따라서 모든 내용이 똑같은 순서로 기술되어 있지는 않지만 글의 전체적인 조직 및 전개는 거의 비슷하다고 볼 수 있다.

두 번째 유형은 모국어, 한국어 쓰기에서 1수준 주제가 같지만 2수준 주제가 완전히 다른 유형이다. 이런 유형의 학습자들은 쓰기 주제에 대해 무엇을 쓸 것인지에 대한 기본적인 틀은 같지만 2수준 주제에 대해서는 모국어 쓰기의 영향을 받지 않고 서로 다른 내용 지식을 자유롭게 활용하여 쓰기를 완성한 학습자들이다. 실험에 참여한 학습자 중 15명의 텍스트가 이 유형에 속하는데, 이러한 결과로부터 대부분의 한국어 학습자들은 이와 같은 형식으로 한국어 쓰기를 한다고 할 수 있다.

마지막 유형은 모국어, 한국어 쓰기 텍스트의 구조와 내용이 완전히

---

16) 모국어 쓰기와 한국어 쓰기의 주제가 100% 똑 같은 것은 아니지만, 거의 유사하거나 근접한 주제를 다룬 경우이다.

다른 유형이다. 이 유형에 속하는 학습자들은 글의 주제도 다르고 내용도 완전히 다른 양상을 보여주고 있다. 이는 글을 쓰는 기본적인 틀은 가지고 있으나 내용 지식을 구성하는 방법이 익숙하지 못하다고 할 수 있다.

이상에서 논의를 통해 대다수의 학습자들은 모국어와 한국어 쓰기를 할 때 전반적인 글의 구조는 비슷하게 구성하고, 글의 구조에 따라 부동한 내용 지식들을 다양하게 활용하고 있음을 알 수 있다.

2.4.2. 내용 지식 조직의 특성

본 절에서는 앞서 제시한 내용 지식 조직의 세 가지 유형에 따라 각각의 유형에서 어떤 내용 지식들을 어떻게 구성하고 있는지를 살필 것이다. 각각 다른 유형에 따라 학습자들이 내용 지식을 조직하는 양상도 다르게 나타났다.

(1) 1수준, 2수준 주제가 같은 유형

이 유형은 모국어와 한국어 쓰기 텍스트의 구조가 내용적 측면에서 가장 비슷한 유형이다. 모국어, 한국어 텍스트가 내용적 측면에서 비슷하다는 것은 이 유형의 학습자들이 한국어 쓰기를 할 때 모국어 쓰기의 영향을 많이 받는다는 것이다. 이 유형에 속하는 학습자는 한국어 쓰기 전에 내용 지식을 창출하거나 쓰기를 할 때에도 모두 모국어로 생각한 후 다시 한국어로 번역하여 쓴다고 하였는데 이러한 모국어의 간섭으로 인해 쓰기 결과도 비슷하게 나타난 것으로 추측할 수 있다.[17] 이러한 유

---

17) 모국어와 한국어로 쓰기를 할 때, 어떤 언어를 사용하여 생각을 하는지에 관한 질문에 대해 S5와 S11 모두 먼저 모국어로 생각한 후 한국어로 번역하여 쓴다고 하였다. 그러나 이 두 학습자만 번역하여 쓰는 것은 아니다. S9, S18 등의 경우에도 이러한

형에 속하는 학습자는 S5와 S11로 두 명에 불과했다. 두 학습자의 전체 글의 구조를 보면 다음과 같다.

〈S5의 모국어, 한국어 쓰기 텍스트의 내용 지식 조직 양상〉

모국어	한국어
1사회현상	1사회 현상
1장점	1장점
2대학생의 사용 예	2학생의 사용 예
3통화	3정보 검색
3정보 검색	3통화 가능
2노인의 사용 예	2노인의 사용 예
3손자	2인터넷 쇼핑 가능
3스마트폰 게임의 역할(지력개발, 치매예방)	1단점
1단점	2타인의 카드 도용
2정보 유출	2스마트폰 게임 중독
3정보 유출로 인한 영향	2돈 사기 문자
1관점	1관점
2장점 및 단점에 대한 정리	
2자신의 관점	

우선 S5의 모국어와 한국어 쓰기 텍스트의 구조를 살펴보면 서론에서 사회현상에 대해 기술하였고, 본론에서 스마트폰의 장점과 단점에 대해 썼으며, 결론 부분에서는 자신의 관점에 대해 기술하였다. 세부적으로 살펴보면, 2수준 주제인 장점에 대해 모국어에서는 대학생이 스마트폰을 사용하는 경우와 노인이 스마트폰을 사용하는 경우를 비교하여 설명하고 있다. 따라서 스마트폰이 연령의 차이에 관계없이 좋은 영향을 미치

상황이 나타났는데 이는 대부분 한국어 학습기간이 짧거나 한국어 능력이 낮고, 일상생활에서 한국어 사용 환경에 노출이 적은 학습자에게 나타나는 현상이었다.

고 있음을 적절한 예시로 설명하고 있다. 반면 한국어에서는 모국어와 같이 대학생과 노인이 스마트폰을 사용하는 예를 들어 설명하고 있으나, 노인이 인터넷을 사용하는 예 혹은 좋은 점에 대한 구체적인 설명이 없어서 대학생이 인터넷을 사용하는 예와 내용적 측면에서 비례를 이루고 있지 않다. 이 외에 인터넷 쇼핑을 할 수 있다는 장점이 추가로 제시되어 내용 상 풍부해졌지만, 이 텍스트 내에서 볼 때 인터넷 쇼핑은 스마트폰 기능의 하나로 앞에서 제시한 두 개의 예와 동일한 범주가 아니므로 부적절한 내용이라고 할 수 있다. 따라서 내용의 완결성이 떨어진다고 할 수 있다.

또한 단점에 대해 쓴 경우 모국어에서는 하나의 예를 들고 그로 인해 발생할 수 있는 영향을 구체적으로 기술하고 있고 한국어에서는 세 개의 예를 나열하여 기술하였다. 다양한 예를 들어 설명할 경우 이런 예들은 그들의 상위 주제인 단점을 잘 뒷받침해주며 따라서 글의 전체 내용은 풍부해질 수 있다. 그러나 한국어에서 제시된 세 개의 예시 중 "타인의 카드 도용"과 "돈 사기 문자"는 모두 정보 유출로 인한 (돈)피해에 관한 것으로 한 범주로 묶어 기술하는 것이 일관성을 유지하는 데 유리하다. 즉, 비슷한 범주의 내용 지식이 여러 번 활용되어 일관성과 완결성이 부족함을 알 수 있다.

〈S11의 모국어, 한국어 쓰기 텍스트의 내용 지식 조직 양상〉

모국어	한국어
1사회현상, 기능	1사회현상
1장점	1장점
2영상통화	2카메라
3컴퓨터	3기능에 대한 설명
3스마트폰	2영상통화
2정보 검색	3기능에 대한 설명

3자료 검색
  3뉴스 실시간 검색
  3정보 저장 후 재사용
 2카메라
  3이전 핸드폰
  3스마트폰
 2기타 기능(음악, 동영상 보기)
1단점
 2사람들 간의 교류 감소
1관점
 2자신의 관점
	2정보 검색
	  3시간 절약됨
	1관점
	 2기타 기능 및 단점
	 2자신의 관점

S11도 모국어와 한국어에서 사회현상에 대한 기술에서 시작하여 스마트폰의 장점과 단점을 기술하고 마지막에 자신의 관점을 제시하였다. S11은 쓰기 주제와 관련하여 스마트폰이 긍정적인 영향이 더 많다는 관점을 취하였기 때문에 장점에 대한 내용이 단점에 대한 내용보다 훨씬 많다. 우선 장점에 대한 내용을 보면 모국어에서는 세 개의 2수준 주제를 제시하였고 영상통화와 카메라 기능에 대해서는 예전의 핸드폰의 스마트폰을 비교하여 현재 스마트폰의 장점을 설득력 있게 잘 설명하고 있다. 반면 한국어에서는 장점에 관한 2수준 주제를 모국어와 똑같이 제시하고 있지만 스마트폰 기능의 좋은 점을 일방적으로 나열하고 있어 모국어의 내용보다는 설득력이 떨어진다고 할 수 있다.

또한 모국어에서는 스마트폰의 단점에 대해 하나의 2수준 주제를 제시하고 그에 대한 원인을 구체적으로 설명하고 있었으나 한국어에서 단점을 하나의 1수준 주제로 제시하지 않고 마지막 자신의 관점을 제시할 때 간단하게 언급하는 정도에 머물고 있었다. 따라서 학습자가 스마트폰의 긍정적인 영향을 제시하려는 큰 주제를 뒷받침하는 데 설득력이 부족하다고 할 수 있다. 즉, 단순히 동일한 종류의 내용 지식을 나열하는 전개 방법은 의미 관계가 깊은 내용을 구성할 수 없기 때문에 '비교하기', '대조하기' 등과 같은 다양한 전개 방법을 교육할 필요가 있음을 알 수 있다.

(2) 1수준 주제만 같은 유형

이 유형은 모국어와 한국어 쓰기 텍스트에서 1수준 주제만 같게 나타난 유형이다. 이에 대해서는 모든 학습자들의 쓰기 텍스트 구조를 구체적으로 살피지 않고 비슷한 문제를 보이는 텍스트를 묶어서 제시하고자 한다.

이 유형 중 대부분의 학습자가 보여준 문제점은 한국어 쓰기 텍스트에 활용된 내용 지식들이 모국어 보다 수준이 낮고, 또한 한국어의 2수준의 내용 지식의 활용이 모국어에 비해 일관성이 부족하다는 것이다. 예를 들어 구체적으로 살펴보면 아래와 같다.

〈S2의 모국어, 한국어 쓰기 텍스트 내용 지식 조직 양상〉

모국어	한국어
1사회현상	1사회 현상
1장점	1장점
2우리의 시야를 넓힘	2인터넷 쇼핑
3뉴스 실시간 검색	2인터넷 뱅킹
3웹기반 교육	2영상통화
3정보 검색	2메신저
3정리	2뉴스 실시간 검색, 정보 검색
2시간 절약	2외국어 학습
3인터넷 뱅킹	1단점
3인터넷 표 예매	2게임 중독
3인터넷 쇼핑	2사람들 간 교류 감소

3정리 1단점 　2사람들 간 교류 감소 　3예 　3자신의 생각 　2게임 중독 　3자신의 생각 1관점 　2장점 및 단점에 대한 정리 　2자신의 관점	3예 　3자신의 생각 1관점 　2장점 및 단점에 대한 정리 　2자신의 관점

　S2의 쓰기 텍스트에 나타난 내용 지식을 전반적으로 살펴보면 모국어 쓰기에서는 3수준의 내용 지식까지 구성되어 있으나 한국어 쓰기에서는 3수준의 내용 지식이 두 개밖에 나타나지 않아 대부분 2수준의 낮은 내용 지식에 머물러 있음을 알 수 있다.

　또한 모국어 쓰기에서 나타난 2수준의 내용 지식을 보면, 장점에 대해 쓸 때에는 학습자가 중요하다고 생각하는 두 측면에 관한 주제로 구성하였고 그 하위 내용으로 다양한 3수준의 내용 지식을 나열하고 있다. 단점에 대한 내용을 보면 두 개의 단점만 제시되어 있으나 학습자가 더 강조하려는 단점은 첫 부분에 제시하였고 구체적으로 예를 들어 설명하고 있다. 그러나 한국어 쓰기에 나타난 2수준의 내용 지식은 이와 다르다. 모국어 쓰기의 장점 부분에서 활용된 내용 지식과 수가 같지만, 모두 동일한 수준의 내용 지식이 중요도에 관계없이 나열되어 있어 논리적인 글의 흐름이 이루어지지 못하여 글이 통일성은 갖추고 있으나 일관성이 부족함을 알 수 있다. 단점에 대한 내용도 학습자가 중요하다고 생각하여 구체적으로 설명한 내용 지식은 첫 번째가 아닌 마지막에 제시하고 있어 중요한 것은 강조해야 한다는 강조성의 요건을 충족시키지 못하고 있다. 즉, 한국어 쓰기에서 활용한 내용 지식의 수준이 낮고 상위 주제와 하위 주제 간, 하위 주제들 간의 위계관계가 조화롭게 연결되지 못하였음을 알 수 있다.

(3) 1수준, 2수준 주제가 모두 다른 유형

이 유형은 모국어와 한국어 쓰기 텍스트의 구조와 내용이 완전히 다른 유형이다. 이 유형에 속하는 학습자들의 특성은 모국어, 한국어 쓰기에 대한 불안감이 아주 크다는 것인데, 이들은 쓰기를 시작하기 전부터 쓰기가 어렵고 쓰기를 잘 못한다는 점을 강조하였다. 또한 주제에 대해 모국어와 한국어로 알고 있는 내용 지식은 비슷하나 쓰기 과정에서 지식을 떠올리는 것을 어려워하고 있었고, 사전 계획이 없이 생각나는 대로 쓰기를 진행하고 있었다. 따라서 쓰기 과정에서 내용 지식의 선별과 활용에 있어 충족해야 할 요건들은 고려되지 못하였고, 결국 모국어와 한국어 쓰기에서 같은 과제로 쓰기를 진행하였지만 글의 주제도 다르고 내용도 완전히 다른 양상을 보여주고 있다. 이 유형에 속하는 학습자는 S10, S16, S18이다.

〈S10의 모국어, 한국어 쓰기 텍스트 내용 지식 조직 양상〉

모국어	한국어
1사회현상	1사회 현상
1장점	1단점
2인터넷 예약	2인터넷 게임, 쇼핑, 날씨 검색 가능
2일정관리	2일에 영향을 미침
2메신저	2교통사고 발생 가능
2사람들 간의 교류 감소	1관점
1관점	

위에서 제시한 것처럼 S10이 모국어와 한국어 쓰기에 활용한 내용 지식은 아주 적다. 모국어와 한국어 쓰기에서 학습자의 관점도 다른바 모국어에서는 스마트폰의 장점에 대해 구체적으로 제시하고 있고 한국어에서는 단점 부분에 초점을 두고 있다. 즉, 글을 쓸 때 구체적으로 어떤 틀에 따라 내용을 구성할지에 대한 생각이 잘 이루어져 있지 않음을 알 수 있다.

또한 1수준 주제와 2수준 주제에 속하는 내용들을 살펴보면 주제에 적합하지 않은 내용이 나타나고 있음을 알 수 있다. 모국어로 쓸 때에는 본론 부분에서 스마트폰의 장점에 대해 기술하려고 했으나 마지막 부분에는 단점에 대한 내용이 추가되어 있다. 한국어로 쓸 때에는 본론 부분에서는 단점에 대한 내용을 시작으로 했으나 바로 스마트폰의 장점에 대한 내용을 기술하고 있었다. 따라서 본론 부분에서 내용 지식의 통일성이 떨어지고 앞뒤 내용이 맞물리지 않아 일관성 역시 떨어진다고 할 수 있다.

위에서 제시한 S10의 경우는 글의 내용 상 통일성과 일관성 등이 부족하기는 하나 기본 적인 서두, 본론, 결론의 구조를 기본적으로 갖추고 있다. 그러나 아래의 S16과 S18은 모국어와 한국어 쓰기에서 기본적인 구조도 갖추고 있지 않는 유형이다. 즉, S10이 글의 구조를 어떻게 조직할지는 알고 있으나 구체적인 내용의 조직을 잘 못하는 유형이라고 하면, S16과 S18은 모국어, 한국어 쓰기에서 글의 구조에 대한 지식부터 부족한 유형이라 할 수 있다.

⟨S16의 모국어, 한국어 쓰기 텍스트 내용 지식 조직 양상⟩

모국어	한국어
1사회현상	1사회 현상 및 단점

1단점
 2미성년
  3게임중독
 2어른
  3메신저 등 사용으로 사람들 간 교류 감소
 2스마트폰을 항상 지니고 다니는 현상
	2사회현상
	2미성년자 게임 중독
	1단점
	 2스마트폰을 사용한 의사소통
	  3친밀감 감소
	  3상대방의 생각 잘 모름
	 2친밀감 감소
	 2불안감 증가

〈S18의 모국어, 한국어 쓰기 텍스트 내용 지식 조직 양상〉

모국어	한국어

1사회현상
1장점
 2생활: 통화, 메신저
 2직장: 문서 작성
 2학습: 인터넷 학습
 2기타: 시사, 뉴스
1단점
 2정보유출
 2스마트폰에 지나치게 의지함
 2시력 떨어짐
 2집중력 저하
1관점
	1사회 현상 및 단점
	 2정보 검색
	  3직장인
	  3학생
	 2휴대 편리
	 2뉴스 시청
	1단점 및 관점
	 2시력 나빠짐
	 2집중력 저하
	 2피부 나빠짐
	 2관점

위에서 제시한 예를 보면 S16과 S18의 쓰기 텍스트에는 1수준의 주제부터 적절한 분류가 이루어지지 않았다. 특히 S16은 모국어, 한국어 쓰기 텍스트에 모두 두 가지 이상의 1수준의 내용이 함께 제시되어 있어 전반적으로 학습자가 주제에 관해 어떤 생각이나 주장을 표현하려고 하는지 파악이 잘 되지 않는다. S18은 모국어에서는 글의 구조가 명확하게 드러나 있으나 한국어에서는 S16과 같이 1수준의 주제부터 분류가 되지

않은 상황에서 2수준의 주제가 제시되어 각 내용 지식들이 잘 연결되지 않는 결과를 초래하였다. 따라서 이 유형의 학습자들은 쓰기에서 글의 기본적인 구조와 함께 각 부분에서 어떤 내용 지식이 활용될 수 있는지를 가르칠 필요가 있다.

이상에서 한국어 학습자들이 모국어와 한국어 쓰기에서 내용 지식을 조직할 때 나타나는 세 가지 유형에 대해 분석해 보았다. 그 결과, 모국어와 한국어 쓰기의 전반적인 내용을 같은 구조에 따라 구성한 학습자와 완전히 다른 구조에 따라 구성한 학습자는 몇 명에 불과했고, 대부분의 학습자들은 모국어와 한국어 쓰기에서 제시한 1수준 주제는 같고 그에 따른 세부적인 내용을 자유롭게 구성하고 있었다.

3. 내용 지식 구성의 요인별 분석

앞선 절에서 <사전 지식 검사지>에 나타난 내용 지식을 바탕으로 쓰기를 위해 인출한 내용 지식의 양 및 인출된 내용 지식이 실제 쓰기에서 선별되는 양상에 대해 살펴보았다. 또한 쓰기 텍스트에 나타난 내용 지식을 분석하여 쓰기 과정에서 새로운 내용 지식이 창출되는 양상도 함께 살폈다. 이는 학습자가 쓰기 텍스트를 완성하기 전의 내용 지식의 구성에 대해 살핀 것이다.

본 절에서는 실제 작성된 텍스트를 분석하여 '결과 차원'에서의 내용 지식의 구성에 대해 살펴본다. '결과 차원'에서의 내용 지식 구성은 내용 지식들의 조직을 중심으로 파악할 것이다. 이를 위해 총 40편의 모국어와 한국어 쓰기 텍스트에 나타난 내용 지식을 통일성, 일관성, 완결성의 측면에서 분석하였다. 아래 학습자의 실제적인 쓰기 자료를 예시로 들면서 살펴보도록 하겠다.

3.1. 내용 지식의 통일성

내용 지식의 통일성은 글의 주제, 문단의 주제, 각 문장들의 주제가 서로 일치하는가에 관한 것이다. 글에서 내용 지식의 통일성은 문단과 문단 사이, 문단과 문장 사이, 문장과 문장 사이에서 드러난다.

먼저 학습자들의 모국어 쓰기 텍스트를 분석한 결과, 대부분 텍스트에서의 내용 지식들은 통일성을 갖추고 있었다. 학습자들은 앞서 [그림 4-4]에서 제시한 구조에 따라 글의 주제와 각 문단의 주제에 적절한 내용 지식을 조직하였다. 그러나 적은 수이지만, 주제의 통일성 측면에서 부족함을 보이는 텍스트도 나타나고 있었다. 아래의 예를 통해 구체적인 양상을 살펴보도록 한다.

<예시 1: S16의 텍스트>[18]
①隨着社會飛快地發展，智能手机已經成爲人類社會中不可或缺的一部分。②但是在這种看似流行的背后，存在着怎樣的社會弊端呢？③物質的存在必存在兩面性，但是兩面性中正面的影響與負面的影響該如何平衡呢？(하략)

<예시 1>은 텍스트의 서론 부분으로, 스마트폰에 관한 사회 현상을 기술하고 있다. 먼저 문장①에서는 스마트폰을 주제로 스마트폰이 현재

---

18) 위의 모국어 텍스트를 한국어로 번역하면 다음과 같다. 우리 사회의 빠른 발전에 따라 스마트폰은 인류사회에서 없어서는 안 될 일부분으로 되었다. 그러나 이와 같이 유행되고 있는 현실 뒤에는 어떠한 사회적 폐단이 존재하는 것일까? 물질의 존재는 필연적으로 양면성을 가지고 있는데, 양면성에서 긍정적인 영향과 부정적인 영향을 어떻게 평형시킬 것인가?

사회에서 없어서는 안 될 일부분이 되었다고 기술하였다. 그리고 문장②에서는 이와 같은 사회 현상 속에 어떤 폐단이 존재할지를 문제로 제기하였고, 더 나아가 문장③에서 모든 물질이 가지게 되는 양면성을 언급하면서 긍정적인 영향과 부정적인 영향의 균형을 어떻게 잡아야 할 것인지를 반문하였다. 이로 볼 때, 문단의 주제 '스마트폰'은 문장②③에서는 생략되었음을 알 수 있다. 이러한 경우 문장③에서는 '물질의 존재'가 주제가 될 수 있기 때문에 문단 내에서 통일성을 잃게 된다. 즉, 이 예문에서는 문장의 주제와 글의 주제가 통일되지 않는 양상을 보이고 있는데, 이는 학습자가 문장을 기술할 때 주어를 생략하면서 발생한 오류로 볼 수 있다.

다음으로 한국어 쓰기 텍스트를 살펴보면, 주제와 통일되는 내용 지식이 조직되어 있음을 알 수 있었다. 그러나 모국어 쓰기보다 내용 지식의 통일성이 부족한 양상이 더 다양하게 나타나고 있었다. 아래에서는 먼저 문단 내에서의 내용 지식의 통일성에 대해 살펴보도록 한다.

<예시 2: S12의 텍스트>
(전략) 또한 스마트폰을 통해서 공부에 있어서 많은 도움을 주고 있다. 저는 유학생인데 예전에 번역기를 사 본적이 있었는데 번역기를 쓰면서 많은 도움이 되었지만 불편한 것도 많았던 것 같다. 내가 쓴 번역기는 건전지를 사용하기 때문에 건전지가 없으면 쓸 수 없고 개다가 건전지를 쓰는 것은 환경에 안 좋은 것 같다. 반면에 스마트폰의 번역공능이 참 발달한다. ①스마트폰을 가지고 전 세계의 여행도 가능할 것 같다. (하략)

<예시 2>를 살펴보면, 학습자는 자신이 사용하였던 번역기기와 스마트폰의 번역기능을 비교하여 스마트폰이 공부에 도움이 된다는 근거로 제시하고 있다. 이와 같이 앞부분에서는 스마트폰이 공부에 미치는 영향

을 기술하였으나, 문장①에서는 세계 여행에 대한 영향을 기술하고 있다. 즉, 문장①에서 제시된 주제는 스마트폰이 여행에 도움이 된다는 것으로 문단의 주제와 통일성을 가지지 못한다.

스마트폰의 번역기능이 발달하여 사람들이 세계 여행을 하는 데 도움이 된다는 것은 사실이다. 따라서 문장①을 앞부분의 문장과 통합하여 제시하면 문단의 주제와 통일성을 유지할 수 있었으나, 학습자는 이와 같은 연결 고리들을 충분히 활용하지 못하여 글의 주제와 관련 없는 문장을 만든 것이다. 이는 학습자가 내용 지식들을 연결 짓고 통합하는 능력이 부족함을 보여준다. 이러한 양상은 아래의 <예시 3>에서도 나타났다.

<예시 3: S15의 텍스트>
(전략) 만약에 스마트폰이 집에 놓고 어디에 가면 하루 종일 안절부절하는 경상이 있지요? 이게 바로 스마트폰 중독이다. 중독이 심한 사람이 엄지손가락이 너무 많이 스마트폰을 터치해서 엄지손가락 병이 생기고 밤새 스마트폰을 게임하는 사람이 눈이 안 보여졌다. ①그리고 아시다시피 스마트폰의 종류가 다양하다. ②다들 제일 잘 알고 있는 상품은 LG, 삼성, 아이폰 등이 있다. 언제부터 스마트폰을 어떤 것을 쓰는지 사람끼리 서로 비교한다. 점점 좋은 스마트폰을 사기 위해서 부모님의 돈을 훔치거나 어린 친구한테 돈을 뺏는 현상이 많다. 심지어 어떤 사람이 새로 나온 아이폰을 사기 위해서 자기 신장을 팔려서 아이폰을 산다. (하략)

<예시 3>에서는 스마트폰의 중독 현상과 좋은 스마트폰을 사용하기 위해 발생하는 부정적인 예시가 제시되어있다. 이로부터 전체 문단의 주제는 스마트폰의 부정적인 영향이라는 것을 알 수 있다. 그러나 문장① ②에서는 스마트폰의 종류에 대해 기술하고 있다. 따라서 스마트폰의 종류에 관한 문장①②는 전체 문단 내에서 불필요한 정보로, 문단의 주제와 통일되지 않는다. 그러나 문맥상으로 볼 때, 학습자는 스마트폰의 사

용에 관한 부정적인 예시를 제시하고자 스마트폰의 종류를 기술한 것으로 추론할 수 있다. 즉, 학습자는 여러 개의 내용 지식들을 적절하게 통합하는 데 실패하여, 결국 주제의 통일성이 부족한 결과를 초래하게 된 것이다.

다음으로는 문단과 문단 간의 내용 지식의 통일성에 대해 살핀다.

<예시 4: S2의 텍스트>
　　과학기술의 신속한 발전 때문에 전 세계는 스마트 시대가 되었다. 특히 통신수단으로서의 핸드폰이 이제 통신뿐만 아니라 컴퓨터와 비슷한 기능을 갖게 되어서 언제부터 인간의 제일 친한 친구가 되었다. ①그러면 스마트폰이 인간에 어떤 영향을 끼치고 있는지를 살펴보도록 한다. (중략)
　　②과학기술의 발전은 인간에 큰 도움이 되지만 인간들이 이러한 스마트 기계가 있어서 게을러지고 스마트 기계 중독될 수 있다. ③그래서 스마트폰뿐만 아니라 모든 기계에 대해 적당히 사용하는게 좋다고 생각한다.

<예시 4>에서 제시한 두 문단은 각각 텍스트의 서론과 결론 부분이다. 학습자는 서론의 문장①에서 '스마트폰이 인간에게 미치는 영향'을 살펴보겠다고 하였다. 그러나 결론의 문장②에서는 '과학기술의 발전'을 주제로 이것이 인간에게 미치는 영향을 기술하고, ③에서 스마트폰과 모든 기계를 적당하게 사용해야 한다는 자신의 견해를 기술하였다. 즉, 서론에서 스마트폰이라는 주제로 내용 지식들을 조직하려고 했으나 결론에서는 스마트폰을 포함한 전자제품을 주제로 마무리를 한 것이다. 따라서 이 텍스트의 서론과 본론은 통일성을 가지지 못하게 되었다. 이는 학습자가 주제를 확대 해석하여 발생한 결과라고 할 수 있다.

이상에서 살펴본 바와 같이, 내용 지식의 통일성 측면에서 한국어 쓰기는 모국어에 비해 더 많은 문제점을 보이고 있었다. 이러한 문제는 문

장의 주제와 문단의 주제가 일치하지 않는 경우, 문단과 문단의 주제가 일치하지 않는 경우로 나타났는데, 이를 통해 학습자들이 내용 지식 간의 연결과 통합에 미숙함을 알 수 있었다.

3.2. 내용 지식의 일관성

3.2.1. 주제문과 뒷받침 문장의 관련성

내용 지식의 일관성은 텍스트를 구성하는 문단과 문단, 문장과 문장들이 의미적으로 긴밀하게 연결되어 있는가에 관한 것이다. 글의 주제와 일치한 내용 지식들도 그들의 관계에 따라 적절하게 연결되지 못한다면 일관성을 갖추지 못하게 된다. 여기에서는 주제의 일관성을 주제문과 주제문을 뒷받침하는 문장 간의 관계, 그리고 뒷받침 문장들 간의 관계를 중심으로 살펴보겠다.

학습자들의 모국어 쓰기 텍스트를 분석한 결과, 대부분의 텍스트에서는 주제문과 뒷받침 문장이 적절하게 연결되고 있었다. 학습자들은 주제문을 중심으로 그를 뒷받침할 수 있는 사실이나 근거를 제시하고 있었고, 뒷받침 문장들도 서로 간의 관계에 따라 긴밀한 연결을 이루고 있었다. 그러나 적은 수이지만, 아래와 같이 일관성이 부족한 양상을 보이는 텍스트도 나타났다. 이에 관해서는 아래의 <예시 5>를 살펴보도록 한다.

<예시 5: S10의 텍스트>[19]

---

19) 위의 모국어 텍스트를 한국어로 번역하면 다음과 같다. 현재 우리는 메신저를 이용하여 가족, 친구와 연락이 가능한데 비용이 따로 들지 않고 인터넷이 연결되기만 하면 된다. 이렇게 되면 우리가 통화하는 횟수는 줄어들고 더 많이는 메신저로 연락하게 된다. 친구들이 함께 있어도 모두 스마트폰만 보고 있고 신변에 있는 사람에게는

(전략)①現在我們可以在聊天軟件上聯系我們的家人、朋友，不需要花費別的花費，只要能与网絡連接上。②這樣一來，我們通話的次數減少了，更多的是用短訊的方式聯系。③親朋好友聚在一起，大家都是只看手机，而不去關注身邊的人。④這讓我們与家人、朋友的感情變得單薄! (하략)

<예시 5>의 문장①에서는 스마트폰으로 메신저를 할 수 있어 소통이 편리하다는 긍정적인 영향을 기술하였다. 그리고 문장②③④에서는 메신저의 활용으로 인해 통화하는 횟수가 감소됨을 제시하고, 실제 예시를 들어 스마트폰의 사용으로 인해 가족이나 친구들과의 감정이 줄어든다는 부정적인 영향을 기술하였다. 즉, 문장①은 스마트폰의 긍정적인 영향에 대해 기술하고 문장②③④는 부정적인 영향에 대해 기술하여, 주제문과 뒷받침 문장이 일관성 있는 연결을 이루지 못하였다. 이는 한 문단내에 서로 다른 두 개의 주제가 있는 경우로, 각각의 주제에 따라 두 개의 문단으로 나눈다면 문제는 곧 해결될 수 있다.

다음으로 한국어 쓰기 텍스트에서의 주제의 연결성은 주제문과 뒷받침 문장 간의 관계, 뒷받침 문장 간의 관계에 따라 각각 살펴보았다. 먼저 주제문과 뒷받침 문장의 연결에 관해 아래의 <예시 6>과 <예시 7>을 보도록 한다.

<예 6: S10의 텍스트>
①과학기술이 발전하면서 스마트폰은 우리의 생활을 편리해주고 있다. ②하지만 요즘 사람들은 스마트폰에 빠져버렸다. ③스마트폰으로 게임, 쇼핑, 교통상황, 날씨, 일상생활길로 등을 할 수 있는 좋은 점이다. ④그래서 사람들이 스마트폰을 의지하게 됐다.
스마트폰을 중독하게 되면 하루 종일 스마트폰만 집중하고 자신의 일은 완성하지 못하는 것이다. 또 버스를 기다릴 때 열심히 스마트폰을 보고 버스주의를 주지 않는다. 이는 우리와 가족, 친구들 사이가 소원해지게 만든다.

를 놓칠 수 있다. 길에 걸어갈 때 스마트폰을 집중하는 바람에 교통사고를 날 수 있다. (중략)

<예 7: S16의 텍스트>

우리 사회는 잘 발전하면서 스마트폰은 우리 일상생활 중에서 중요한 역할을 하게 되었다. ①성인뿐만 아니라 아이까지 다 스마트폰을 너무 좋아한다. ②특히 아이들이 스마트폰을 쓰고 게임하는 것이다. ③그런데 아이 게임 중독자가 많아지고 있다. ④그리고 아이에게 나쁜 영향 또 줄 수 있다.(하략)

<예시 6>에서 첫 번째 문단의 주제는 스마트폰의 긍정적인 영향이다. 그러나 문장②에서는 스마트폰의 부정적인 면을 기술하고 있어 첫 문단의 주제와 통일되지 않을 뿐만 아니라, 문장①③과 의미적으로 연결되지 않는다. 즉, 학습자는 문단 내에서 하나의 주제를 일관성 있게 전개하는데 실패한 것이다. 또한 스마트폰의 좋은 점을 기술한 문장③은 사람들이 스마트폰에 의지하게 된다는 문장④의 원인으로 제시되었으나, 이는 논리적으로 타당성이 부족한 근거라고 할 수 있다. 결과적으로 첫 문단에서 제시된 문장들이 연결성이 부족하여 학습자가 전달하려는 의미를 파악하기 어려운 결과를 낳고 있다.

<예시 7>에서도 위와 같은 양상이 나타나고 있다. 문장①②에서는 스마트폰의 긍정적인 측면에 대해 기술하고 있다. 그러나 앞 문장에서 다루었던 긍정적인 영향은 문장③④에서 부정적인 영향으로 바뀌고 있다. 즉, 문단의 첫 부분에 제시되었던 주제가 일관성 있게 전개되지 않았다는 것이다. 스마트폰의 장점이 오히려 해가 될 수도 있다는 것을 표현하기 위해서는 문장①②와 문장③④사이에 자연스러운 연결 고리를 만들거나 다른 주제의 두 문단으로 구분하는 것이 적절하다.

다음으로는 한 문단 내, 뒷받침 문장들 간의 연결에 대해 살펴도록 한

다. 한국어 쓰기 텍스트에서는 대등적인 의미를 지닌 뒷받침 문장들이 단순 나열되는 경우가 눈에 띄게 많았다. 이런 경우, 문장들 간의 연결은 다음과 같은 양상을 보이고 있었다.

<예시 8: S17의 텍스트>
　스마트폰이 생활 속에서 말을 표현이 못하는 정도로 편의성을 제공하는 기기이다. ①음악을 들을 수 있는 것은 바로 스마트폰의 기본 기능이죠. 이젠 찾고 싶은 곳을 장소 이름만 입력하면 실문 지도까지 모든 게 한 번에 해결된다. ②제일 많이 사용하는 기능인 듯한 카메라, 아름다운 풍경을 볼 때나 맛있는 음식을 먹을 때, 사진 찍기, 그리고 찍은 사진은 인터넷에서 올리기도 편리하다. 자랑스럽게... 그리고 시끄러운 자명종 소리는 더 이상 울리지 않는다. 내가 좋아하는 음악으로 아침을 깨우는 스마트폰 모든 알람도 이젠 가능하다. 필요한 어플이 언제든 다운받으면 된다. ③영상통화가 서로를 바라보면 대화하는 것도 소홀할 수 없는 기능이죠. (중략)

<예시 8>의 문단 주제는 스마트폰의 긍정적인 영향이다. 구체적으로 문장①에서는 스마트폰의 기본 기능으로 음악듣기를 제시하였고, 문장②에서는 가장 많이 사용하고 있는 기능으로 카메라 기능을 제시하였다. 이와 같이 스마트폰의 기능을 일정한 범주에 따라 분류하려고 시도하였으나, 마지막 문장③에서 다시 스마트폰의 기본적인 기능인 영상통화를 제시하여 스마트폰 기능의 분류에서 실패하고 있었다.

한국어 텍스트를 분석한 결과 대다수의 학습자들은 글의 주제와 문단 주제의 위계관계는 적절하게 설정하여 조직하고 있었다. 그러나 <예시 8>에서 살핀 바와 같이, 본론 부분에서 대등적인 의미를 지닌 문장을 나열할 때 문장들 간의 관계를 잘 파악하지 못했고, 따라서 관련 내용 지식들을 적절하게 분류하여 배열하는 것을 어려워하고 있었다.

또한 한 문단 내에 제시된 뒷받침 문장들은 대등적인 의미 관계 외에

다양한 의미 관계를 형성하고 있었다. 이에 관해 다음의 예시를 보도록
한다.

<예시 9: S2의 텍스트>
(전략)우선, 스마트폰의 장점을 알아보고자 한다. 스마트폰의 아주 대표적
인 장점은 편리함이라고 할 수 있다. 요즘 스마트폰이 다양한 기능을 지니고
있기 때문에 알람, 메모, 저장, 오락 등을 예로 될 수가 있다. 이러한 기능이
있어서 아침에 눈을 뜨자마자 스마트폰을 보기 시작한다. ①이것은 이미 우
리 생활 중에 필수적인 습관이 되었다. ②많은 사람들이 스마트폰이 없다면
못 사는 것을 인정하면서 스마트폰의 단점은 소홀할 수 있다. 핸드폰이 인간
의 요구 및 필요에 따라서 계속해서 변화하고 완벽해지고 있다. 그러나 인간
들이 스마트 기계에 대해 지나치게 의뢰가 되고 아주 심각한 문제가 생겼다.
(하략)

<예시 9>의 문장①에서는 스마트폰의 사용이 습관화되었다는 점을
기술하고 있다. 그리고 문장②에서는 앞부분을 바탕으로 사람들이 스마
트폰 없이 못 산다는 문제점을 도출하고 있다. 두 문장은 모두 스마트폰
의 사용과 관련된 것으로 주제의 통일성을 가지고 있다. 그러나 스마트폰
의 사용이 필수적이고 습관화되었다고 해서 스마트폰이 없으면 못 사는
것은 아니다. 따라서 문장②는 문장①의 의미와 논리적으로 연결되지 않
는다.

이상에서 살펴본 바와 같이, 학습자들은 모국어 쓰기에서 문단과 문단
의 주제를 좀 더 명확하게 구분할 필요가 있었으나, 전반적인 측면에서
주제문과 뒷받침 문장, 뒷받침 문장들을 적절하게 연결하고 있음을 알
수 있다. 한편 한국어 쓰기를 할 때에는 문단과 문단의 주제를 명확하게
구분 짓고 있는 반면, 문단 내에서 뒷받침 문장들을 적절하게 배열하는
데 어려움을 겪고 있음을 알 수 있다.

3.2.2. 의미 전개의 논리성

쓰기 과정에서 선별되거나 창출된 내용 지식들은 체계성을 가지고 전개되어야 일관성을 가지게 된다. 내용 지식의 전개에 관해서는 앞서 제시한 Charolles(1978)의 의미 진전 규칙, 비모순 규칙을 바탕으로 살펴보았다.

먼저 모국어 쓰기 텍스트를 분석한 결과에 따르면, 대다수의 학습자들은 주제에 통일되는 내용 지식들을 적절하게 연결하여 조직하고 있음을 알 수 있다. 또한 그 전개 양상을 살핀 결과, 대부분의 텍스트에서는 내용 지식이 의미적으로 적절하게 배열되어 있었다. 다만 일부분 텍스트에서 동일한 범주의 의미를 가진 내용 지식이 반복되어 전개되는 현상이 나타나고 있었다. 이에 관해 아래의 예를 보도록 한다.

<예시 10: S15의 텍스트>[20]

(전략) 但我們却渾然不知智能手机帶給予我們便利的同時也毁掉了我們的生活。大家不知是否發現自從有了智能手机我們与家人之間的對話少了？是否發現自己不愛動腦？是否發現沒有了特別不安？①是否發現視力變差了？是否發現自己的大拇指不怎么好使了？更有人爲了買智能手机賣掉了自己的腎。②有人爲了闖關瞎掉了自己的眼睛。這一切都是智能手机惹的禍。(하략)

<예시 10>에서는 스마트폰이 우리의 생활에 부정적인 영향을 미치고 있음을 예를 들어 설명하고 있다. 문장①에서는 독자들을 대상으로 스마

---

20) 위의 모국어 텍스트를 한국어로 번역하면 다음과 같다. 그러나 우리도 모르는 사이에 스마트폰은 우리에게 편리를 가져다주는 반면 우리의 생활을 해치고 있다. 여러분은 스마트폰의 사용 때문에 가족들과의 대화가 줄어든 것을 발견하였는가? 자신이 사고를 하지 않고 있다는 것을 발견하였는가? 스마트폰이 없으면 매우 불안해진다는 것을 발견하였는가? 시력이 떨어졌다는 것을 발견하였는가? 자신의 엄지손가락이 불편해졌다는 것을 발견하였는가? 더욱이 어떤 사람은 스마트폰을 사기 위해 자신의 신장을 팔아버렸다. 또한 어떤 사람은 게임을 하느라 눈이 멀어버렸다. 이 모든 것은 스마트폰이 일으킨 문제이다.

트폰으로 인해 시력이 나빠지지 않았는지를 질문하였고, 문장②에서 다시 스마트폰으로 게임을 놀다가 눈이 멀게 되었다는 예시를 제시하였다. 즉, 문장①과 문장②의 주제는 모두 스마트폰이 눈 건강을 해친다는 주제에 종속되는 것으로, 하나의 범주로 묶어서 제시하는 것이 적절하다.

한국어 쓰기 텍스트를 분석한 결과, 학습자들은 내용 지식 나열하기, 구체적인 예시 들기 등 방식으로 내용 지식을 전개하고 있었다. 아래에서는 이러한 전개 과정에서 '의미의 진전'에 관련하여 어떤 양상이 나타나는지를 살펴보도록 한다.

<예시 11: S4의 텍스트>
(전략) 하지만 스마트폰은 우리의 삶에 편리함을 주는 반면에 어떤 영향을 미치는지 아십니까? ①현대 사회 사람들이 하도 스마트폰을 써서 가족과의 대화도 줄어지고 인간관계도 멀어질 수 있다. 우리가 스마트폰을 많이 쓰면 눈도 나빠지고 몸까지도 해로울 수 있다. ②많은 사람이 하루에 자는 시간이 빼고 스마트폰을 쓰는 시간이 더 많다. 그 뿐만 아니라 많은 사람 중에 대부분 사람이 스마트폰으로 게임하거나 자신에게 별로 도움을 주지 않는 일을 하면서 스마트폰 중독이 된다. 이렇게 보면 스마트폰을 잘못 쓰면 쓸수록 더 의지하게 되고 삶에게 나쁜 영향을 줄 수밖에 없게 된다. (하략)

<예시 11>의 문장①과 ②에서는 '우리가 스마트폰을 쓰는 시간이 아주 많다'라는 공통된 의미를 포함하고 있다. 문장①에서는 스마트폰의 과도한 사용으로 인해 생길 수 있는 결과가 함께 기술되었고, 문장②에서는 공통된 의미만 제시되었다. 이로부터 문장①은 문장②에서 제시하고 있는 의미에 새로운 의미가 덧붙여 구성된 것이라고 볼 수 있다. 따라서 두 문장을 논리적인 순서에 따라 기술한다면, 먼저 문장②를 선행 요소로 제시하고, 이에 대한 예시로 문장①을 제시하는 것이 적합하다.

즉, <예시 11>은 의미의 진전과 관련하여 내용 지식 간의 선후 순서가 부적절하게 배열된 양상을 보여주는 것이다. 이는 학습자가 내용 지식을 조직함에 있어 전체에 해당하는 것을 먼저 기술하고 부분에 해당하는 것을 나중에 기술해야 한다는 전개 방법에 익숙하지 않음을 보여준다.

이 외에, 한국어 쓰기 텍스트에서도 모국어 텍스트와 같이 동일한 의미를 지닌 내용 지식이 반복되어 나타나는 현상이 있었다. 이에 관해서는 다음의 예를 보도록 한다.

<예시 12: S5의 텍스트>

(전략) 제가 항상 발전하고 완선하면서 사람들이 저에게 좀 나쁜 짓도 많이 했다. ①어떤 나쁜 사람이 저를 이용해서 남에게 돈을 많이 뺐다. 요즘에는 은행에 관련된 업무를 다 저와 연결했으니까 안전성이 떨어졌다. ②그래서 나쁜 사람들이 저를 쓰고 범죄행위를 했다. 또한 중학생들이 저 때문에 병을 걸렸다. 바로 스마트폰 중독증이다. 다 아시다시피 제가 엄청 많은 게임을 가지고 있기 때문에 학생들은 중독증을 걸린다. 사실은 이것은 제가 원하는 것이 아니다. 저도 좋은 스마트폰이 되고 싶지만 사람 때문에 제가 나쁜 것이 되었다. 더 나쁜 것도 있다. ③나쁜 사람들이 저를 쓰고 남에게 메시지를 보내고 돈을 달라고 했다. 아주 나쁜 짓이다. (하략)

<예시 12>를 살펴보면, 문장①과 문장③에서는 스마트폰을 이용하여 돈을 빼앗는다는 동일한 의미가 제시되고 있었다. 전개상으로 볼 때 문장③의 의미가 문장①보다 진전되어야 하지만 동일한 의미가 반복되었다는 것은 불필요한 내용 지식이 제시되었음을 알려준다. 또한 문장①과 ②는 의미의 포괄성에 어긋나는 예이다. 문장①에서 기술하고 있는 "스마트폰을 이용하여 타인의 돈을 뺏다"는 일종의 범죄행위로 문장②에 종속되어야 한다. 의미상으로 볼 때, 문장①과 ③이 동일한 의미를 가진다는 것은 쉽게 파악할 수 있다. 따라서 이러한 문제가 발생한 원인은

학습자가 각 문장 간의 의미 관계를 파악하지 못해서 생긴 것이 아니라, 자신이 알고 있는 지식을 나열하기 방식으로 기술하는 과정에서 생긴 현상에 가깝다고 볼 수 있다.

다음으로는 내용 지식의 전개 과정에서 모순되는 의미가 출현하였는지를 살핀다. 이에 관해서는 아래의 두 개의 예를 보도록 한다.

<예시 13: S5의 텍스트>
①아마 많은 사람들은 저를 궁금하다. ②왜냐하면 휴대폰을 다 알지만 과학기술의 발전에 따라 제가 태어났다. 짧은 시간동안에 제가 얼마나 발전했는지를 사람들이 아마 모르겠다. 저는 바로 스마트폰이다. (하략)

<예시 13>의 서론 부분에서 제시된 문장①에서는 은유적인 표현인 '저'를 사용하여 글을 시작하였다. 문맥상으로 추론해 보았을 때, 이 글에서 표현한 '저'는 스마트폰을 말하는 것이다. 그러나 문장①에서는 사람들이 스마트폰을 궁금해 할 것이라고 기술하고 있고 문장②에서는 사람들이 휴대폰은 다 알고 있다고 하였다. 즉, 두 문장에서 표현하고 있는 의미가 모순되어 일관성 있는 전개가 이루어지지 않았다. 이는 단순히 연결되는 두 문장의 의미가 모순되는 경우로 언어적으로 정확하게 표현하지 못하여 생긴 오류라고 볼 수 있다.

반면 아래의 예시는 내용 지식을 전개하는 과정에서 모순되는 의미가 나타난 경우이다.

<예시 14: S12의 텍스트>
(전략)스마트폰이 인류의 일상생활 속에 많은 편의를 주고 있는 것이 사실이지만 스마트폰을 어떻게 쓰느냐에 따라 받을 결과를 다를 수 있을 것이다. ①왜냐하면 사람들이 스마트폰을 쓰느라 점점 인간소통이 많이 사라지

고 있는 현실을 볼 수 있다. ②지하철을 탔을 때, 친구들과 만났을 때, 수업
했을 때 등등 사람들이 점점 스마트폰의 중독에 빠져가고 있는 것 같다. (하략)

<예시 14>의 문장①에서는 스마트폰이 미치는 부정적인 영향으로 인
간소통이 점점 사라지고 있는 현실을 볼 수 있다고 언급하였다. 따라서
문맥상의 추론을 통해 문장②에서는 구체적인 현실에 대한 예시를 들
것임을 예상할 수 있으나, 실제로 제시한 예시는 '스마트폰의 중독'이라
는 또 다른 부정적인 영향으로 귀결되고 있다. 즉, 문장①과 이에 해당
하는 예시가 논리적으로 연결되지 못한 것이다.

이와 같이, 학습자들은 한국어 텍스트의 본론 부분에서 의미의 진전에
실패하고, 또 모순되는 의미를 전개하는 양상을 보이고 있었다. 글의 본
론 부분에서는 스마트폰의 긍정적인 영향과 부정적인 영향을 기술하는
것이 보편적이다. 따라서 스마트폰의 긍정적 혹은 부정적인 영향을 분류
하여 제시하거나, 구체적인 예를 들면서 전개하기 때문에 다양한 전개
방법의 활용이 필요하다. 의미의 진전에 실패하고, 모순되는 의미를 전
개했다는 것은 학습자들이 내용 지식 간의 관계를 파악하는 데 실패하
고, 또 그 관계에 따라 적절하게 전개하는 능력이 미흡하다는 것을 말해
준다.

3.3. 내용 지식의 완결성

내용 지식의 완결성은 글의 주제, 문단의 주제를 적절하게 표현하기
위한 소주제문이나 뒷받침 문장들이 빠짐없이 충분하게 제시되었는지에
관한 것이다. 소주제문이 결여되어 있거나, 소주제문을 뒷받침하는 내용
지식이 충분하게 제시되지 않은 글은 완결성을 갖추지 못하게 된다. 완

결성은 전체 글과 문단 사이, 문단과 문장 사이에서 드러난다.

학습자들의 모국어 쓰기 텍스트를 분석한 결과, 대부분 텍스트에 나타난 내용 지식들은 완결성을 갖추고 있었다. 학습자들은 글의 주제를 표현하기 위한 소주제문을 제시하고 있었고, 소주제문을 뒷받침할 수 있는 내용 지식을 충분하게 제시하고 있었다.

그러나 한국어 쓰기 텍스트에서는 모국어 텍스트에 비해 전반적인 글에서 완결성이 부족한 현상이 나타나고 있었다. 한국어 쓰기에서 완결성의 부족은 글의 주제를 표현하기 위한 소주제문의 결여, 소주제문을 뒷받침하는 문장의 부족으로 나타났다. 먼저 글의 주제를 표현하기 위한 주제문이 결여되는 예시를 보도록 한다.

<예시 15: S13의 텍스트>
(전략) ①이상은 스마트폰의 좋은 점이고 스마트폰의 나쁜 점은 아래와 같다. 첫째, 새로운 스마트폰이 나오자마자 구매하는 사람들이 꽤 많다. (중략) 마지막으로, 사람들이 매일매일 스마트폰만 보고 의사소통을 안하고 인간관계는 점점 멀어진다.

<예시 15>에서는 스마트폰의 긍정적인 영향에 이어 부정적인 영향들을 나열하여 제시하고 있다. 그리고 부정적인 영향을 제시하는 것으로 쓰기를 마무리하고 있었다. 쓰기 과제에서 스마트폰이 우리에게 주는 영향에 대한 자신의 생각을 기술할 것을 요구하였으나, 자신의 생각은 표현하지 않은 것이다. 따라서 글의 주제를 만족하기 위한 주제문이 결여되었다고 볼 수 있다.

또한 한 문단 내에서 주제문을 뒷받침하기 위한 문장이 부족하여 글의 논리성을 떨어뜨리는 양상도 나타나고 있었다.

<예시 16: S11의 텍스트>

스마트폰이 다른 기능도 있다. 예를 들면 노래를 듣는 것, 동영상을 보는 것 등등.

①스마트폰은 우리에 대해서 편한 생활을 가져오지만, 다른 사람이랑 소통하는 것을 감소했다. ②그래서 우리는 스마트폰을 적당히 사용해야 한다.

<예시 16>에서는 스마트폰을 적당하게 사용해야 한다는 학습자의 생각을 표현하고 있다. 따라서 이 문단의 주제문은 문장②이며 주제문을 뒷받침하는 것은 문장①이 된다. 그러나 문장①은 주제문을 뒷받침하기에는 너무 빈약하다. 스마트폰이 어떻게 다른 사람이 소통이 줄어들게 하였는지, 이 외에 또 어떤 부정정인 영향이 있는지를 구체적으로 제시하지 않아 학습자의 생각을 논리적으로 표현하지 못하고 있다. 따라서 이 문단은 완결성이 다소 부족하다고 할 수 있다.

이 외에도 문단 내에서 제시된 문장들의 전개가 적절하지 못하여 글의 완결성이 떨어지는 경우가 있었다.

<예시 17: S15의 텍스트>

또 한 면은 스마트폰 때문에 생기는 부정적인 영향들이다. 우리는 너무 스마트폰을 의지해서 스마트폰 중독한지도 모른다. 잘 생각해보세요. ①우리가 친구와 모임할 때 스마트폰 만지는 시간이 더 많을까? ②친구와 대화하는 시간이 더 많을까? ③집에서 부모님과 같이 보내는 시간이 더 많을까? ④스마트폰을 만지는 시간이 더 많을까? ⑤만약에 스마트폰이 집에 놓고 어디에 가면 하루 종일 안절부절하는 경상이 있지요? 이게 바로 스마트폰 중독이다. (하략)

<예시 17>의 문장①②③④에서는 스마트폰의 사용에 관해 질문을 하고 있다. 즉, 학습자는 질문을 통해 스마트폰을 사용하는 시간이 친구나

가족들과 교류하는 시간보다 많음을 도출하려고 한 것이다. 그러나 질문만 있고 이에 대한 답을 제시하지 않아 스마트폰의 부정적인 영향을 도출하는 데 실패하고 있다. 글에서 내용 지식을 효율적으로 전개하기 위해서는 질문과 그에 대한 답이 제시하는 것이 일반적이다. 그러나 학습자는 이를 적절하게 전개하지 못하여 완결성이 부족한 결과를 초래한 것이다.

　이상에서 살펴 본 것처럼, 모국어 쓰기 텍스트에 나타난 내용 지식은 완결성의 측면에서 부족함을 보이지 않았다. 그러나 한국어 쓰기 텍스트에서는 모국어에 비해 완결성이 부족하였는데, 구체적인 양상은 글의 주제를 표현하기 위한 소주제문의 결여, 소주제문을 뒷받침하는 문장의 부족 등으로 나타났다. 이를 통해 학습자들이 주제를 명확하게 내세우고, 주제문과 관련된 뒷받침 문장을 적절하게 사용하는 것을 어려워함을 알 수 있었다.

　이상의 결과를 정리하면, 학습자들은 모국어와 한국어 쓰기에서 서로 다른 내용 지식이지만, 모두 창의적으로 창출하고 선별하는 과정을 거치고 있었다. 그러나 모국어 쓰기에서 내용 지식을 효과적으로 구성하는 방법이 한국어 쓰기에는 사용되지 못하였고, 또한 학습자들이 한국어 쓰기의 내용에 대한 정확한 인식의 부재로, 한국어 쓰기는 모국어에 비해 내용적 측면이 부족한 결과를 가져오게 되었다.

제 5 장

한국어 학습자를 위한
쓰기 내용 지식 구성 교육의 설계

한국어 학습자를 위한
쓰기 내용 지식 구성 교육의 설계

쓰기에서 내용 지식의 구성이 효과적으로 이루어지지 않으면 좋은 내용이 담긴 글은 결코 산출될 수 없다. 학습자들의 내용 지식을 구성하는 능력을 향상시키기 위해서는 그들이 무엇을 어려워하는지, 왜 어려워하는지를 밝히는 과정이 우선시되어야 한다. 그리고 한국어 학습자들이 내용 지식을 구성하는 과정에서 생기는 문제점을 해결할 수 있는 방법을 쓰기 교육 내용으로 선정해야 한다.

따라서 본 장에서는 지금까지의 논의를 토대로 하여 한국어 쓰기에서 내용 지식의 구성을 위한 교육의 목표를 설정하고, 목표를 달성하기 위해 필요한 교육 내용에 대해 제안하고자 한다.

1. 내용 지식 구성 교육의 목표

이 책에서 지향하는 내용 지식 구성 교육의 목표는 학습자들이 한국어 쓰기에 대한 정확인 인식을 수립하고, 내용 지식의 본질을 이해하여 쓰기에서 주제에 관한 내용 지식을 적절하게 구성할 수 있는 능력을 키워주는 것이다. 학습자들의 내용 지식 구성 능력이 향상되어야 유창한 쓰기가 가능하다.

내용 지식 구성 교육을 통해 학습자의 내용 지식 구성 능력을 향상시키기 위해서 먼저 학습자들이 한국어 쓰기 내용에 대한 정확한 인식을 수립하게 해야 한다.

'내용'은 쓰기에서 가장 핵심적인 부분이라고 해도 과언이 아니다. 모국어 교육에서 쓰기 내용은 그 위상이 확고부동하나, 한국어 교육에서는 언어 능력의 부족과 제2언어 쓰기에 대한 정확한 인식의 부재로 이에 대한 관심과 중요성이 모국어 쓰기에 미치지 못하는 실정이다. 인터뷰를 통해 확인한 바와 같이, 대다수의 한국어 학습자들은 한국어 쓰기와 모국어 쓰기가 여러 측면에서 다를 뿐만 아니라, 한국어 쓰기 실력이 모국어 쓰기 실력보다 부족해도 된다는 생각을 가지고 있었다. 이와 같은 부정적인 인식은 결국 내용과 형태를 모두 중시하는 모국어 쓰기와는 달리 한국어 쓰기에서 내용보다 형태에 더 치우치는 경향으로 이어진다. Williams(2005)에서 제시했듯이, 외국어로 쓰기를 할 때에는 언어 능력에 신경을 곤두세우다보니 글의 전반적인 맥락을 살피기보다는 문장 수준의 실수를 찾는 데 집중하게 되는 것이다. 이러한 이유로 학습자들은 한국어 쓰기에서 도달해야 할 목표를 언어의 정확성과 유창성으로 간주하게 된다.

그러나 쓰기는 단순한 지식의 나열이 아닌, 의미를 생성하고 조직하며 재구성해가는 의미구성 활동이다. 의미를 구성한다는 쓰기의 본질은 모국어 쓰기뿐만 아니라 한국어 쓰기에서도 똑 같이 해당된다. 즉, 한국어 쓰기에서도 가장 중요하게 고려되어야 할 부분은 '의미'에 해당하는 내용이라는 것이다. 따라서 내용 지식 구성 교육을 통해 학습자들에게 한국어 쓰기의 목표를 명확하게 알게 하고 내용의 중요성을 이해시키며 내용을 우선적으로 고려하는 태도를 심어주어야 한다. 이러한 항목들은 곧 내용 지식 구성 교육에서 이루어야 할 구체적인 목표로 설정될 수 있다. 쓰기에서 내용의 중요성 등에 대한 정확한 인식이 수립되지 않으면 효율적인 내용 지식 구성 교육은 이루어지기 어렵다.

다음으로 내용 지식 구성 교육에서 달성해야 할 목표는 학습자들이 내용 지식을 효율적으로 구성할 수 있는 능력을 향상시키는 것이다. 내용 지식의 효율적인 구성은 내용적 측면에서 좋은 글을 산출하는 데 기여할 수 있다. 이를 위해서 학습자는 내용 지식에 관한 명제적인 지식을 이해하고 이를 바탕으로 내용 지식의 구성에 관한 방법적 지식을 익혀야 한다.

쓰기에서 내용 지식은 글의 내용을 구성하기 위해 꼭 필요한 요소이다. 이 중에서 사전 지식과 상호텍스트적 지식은 쓰기의 내용을 구성할 수 있는 가장 기본적인 요소가 된다. 이러한 지식들은 학습자의 사고 활동을 바탕으로 쓰기에 적절한 지식으로 재구성되거나 학습자의 생각이 녹아들어 새로운 지식으로 구성되었을 때, 쓰기에 보다 유의미하게 활용될 수 있다. 즉, 효율적인 쓰기를 위해서는 사전 지식에만 의존하거나 상호텍스트적 지식을 그대로 사용하지 않고, 학습자의 역동적인 사고 활동을 통해 다양한 내용 지식을 구성해야 한다는 것이다. 이를 위해서 학습자들은 내용 지식에 대한 본질을 정확하게 인식하고 내용 지식 구성 방법에 익숙해져야 한다. 이는 곧 효율적인 내용 지식 구성을 위한 기반이 된다.

그러나 학습자들의 내용 지식 구성 양상을 살펴보면 한국어 쓰기에서 사전 지식을 그대로 나열하여 활용하는 경우가 많았고, 사전 지식을 선별하여 활용하려는 시도는 하였으나 적절한 기준이 없이 직관적으로 선별하는 경우가 대부분이었다. 또한 쓰기 과정에서 새로운 내용 지식을 활발하게 창출하고 있었으나 새로 창출된 내용 지식들을 적절하게 연결시켜 조직하는 데는 실패하고 있었다. 이는 학습자들이 내용 지식에 관한 기본적인 지식을 잘 이해하지 못하였고 내용 지식을 효율적으로 구성할 수 있는 방법을 잘 다루지 못하고 있음을 설명하는 것이다.

한편 학습자의 내용 지식 구성 양상을 통해 확인할 수 있었던 점은 모국어 쓰기에서 계획하기 단계가 덜 충분하게 이루어지거나 내용 지식의 창출이 활발하게 진행되지 않은 상황에서도 쓰는 과정에서 이를 극복해 나갈 수 있는 능력을 구비하고 있음을 알 수 있다. 이는 다년간의 모국어 쓰기 경험과 연습을 통해 내재화된 쓰기 기술이라고 볼 수 있다. 그러나 이러한 쓰기 기술은 그대로 한국어 쓰기에 전이되지 않는다. 이는 한국어 쓰기에서 내용 지식 구성에 관한 교육이 이루어지지 않으면 학습자들의 내용 지식 구성 능력이 향상되기 어렵다는 것을 의미한다. 특히 한국어 쓰기는 모국어에 비해 경험도 부족하고 쓰기 연습도 제한된 수업 내에서만 이루어지 때문에 내용 지식 구성 능력을 갖추기 위해서는 이에 대한 전문적인 교육과 그에 따른 충분한 연습이 필요하다. 따라서 학습자들이 내용 지식 구성 과정에서 발생하는 문제들은 내용 지식 구성 교육에서 해결해야 할 과제로, 이는 곧 내용 지식 구성 교육의 구체적인 목표가 될 것이다.

내용 지식 구성 능력의 향상을 위한 교육 목표는 구체적으로 다음과 같은 측면에서 고려되어야 한다. 우선 전반적인 내용 지식 구성 과정은 능동적인 사고 활동을 통해 이루어져야 한다. 내용 지식을 구성하는 능력에는 분석적이고 비판적이며 창의적인 사고력이 필수적이다. 학습자는 모국어 쓰기와 같이 역동적인 사고 활동을 통해 사전 지식의 활성뿐만 아니라 통합된 지식도 구성할 수 있어야 한다. 알고 있는 사전 지식만을 사용하거나 참고 자료를 통해 획득한 상호텍스트적 지식을 그대로 사용한다면 자신이 독창적인 생각이 담긴 내용은 구성될 수 없다. 또한 창출한 내용 지식들 간의 관계를 잘 파악하고 선별하여 쓰기에 활용할 수 있어야 한다. 어떤 내용 지식을 선별하는지에 따라 내용 지식들 간의 연결의 긴밀성과 설득력의 강도 등이 달라지기 때문이다. 그리고 선별한 내용 지식을 체계적으로 조직하여 글을 완성할 수 있어야 한다. 단지 창출하고 선별한 내용 지식들을 범주별에 따라 위계화하고, 하위 주제에 대한 내용 지식들을 나열하는 데 그친다면 이는 '의미의 재구성'을 강조하는 쓰기의 본질에 부합되지 않는 것이다.

2. 내용 지식 구성 교육의 내용

본 절에서는 앞선 논의를 토대로 내용 지식 구성을 위한 교육 내용을 설계하기 위해 범주를 추출하고, 각 범주에 해당하는 교육 내용을 제안할 것이다.

2.1. 교육 내용의 범주

앞선 절에서 제시한 내용 지식 구성 교육의 목표에 따라 내용 지식 구성 교육의 내용은 한국어 쓰기에 대한 정확한 인식의 수립, 내용 지식에 대한 기본적인 이해, 내용 지식의 구성 방법의 활용 등 세 범주로 설정할 수 있다. 각 범주에 따른 구체적인 교육 요소들은 내용 지식 구성 과정에서 생기는 문제점을 해결하여 교육의 목표에 도달할 수 있도록 설계되어야 한다. 교육 내용 범주의 도출 과정은 다음과 같다.

문제점		목표		내용 범주
한국어 쓰기에서 내용에 대한 인식이 정확하지 못함	⇒	한국어 쓰기에서 내용의 중요성을 이해하고 정확한 인식 수립	⇒	태도
한국어 쓰기에서 내용 지식에 관한 이해가 부족	⇒	내용 지식의 본질을 이해하여 다양한 내용 지식을 구성할 수 있는 기반 마련	⇒	지식
한국어 쓰기에서 내용 지식 구성에 필요한 요인을 고려하지 못함	⇒	내용 지식을 구성하는 다양한 방법을 익혀 좋은 내용의 글을 산출하는 능력 향상	⇒	방법
한국어 쓰기에서 내용적 측면에 대한 문제를 인식하지 못함	⇒	내용을 구성할 때 고려해야 할 요인들을 이해하고 이를 통해 내용을 평가하는 능력 향상	⇒	평가

[그림 5-1] 내용 지식 구성 교육 내용의 범주

우선 '태도'는 어떤 유형의 언어적 실체·행위·현상에 대한 개인의 선택에 영향을 미치는 학습된 성향으로 특정한 대상에 대해 일관성 있는 반응을 야기하게 하는 인지적·정의적 상태이다. 특정 대상에 대한 행위 자체를 뜻하는 것이 아니라 그 행위를 가능하게 하는 의도나 성향이므로, 텍스트의 생산과 수용에 대해 긍정적으로 형성된 태도는 장차 그것에 대한 개인의 발전 가능성을 보장해 줄 수 있는 요소이다.[1] 태도 범주의 내용은 학습자들이 한국어 쓰기에서 내용에 대한 정확한 인식을

---

1) 서영진, 「상호 교섭적 논증 교육의 내용 구성 연구」, 부산대학교 박사학위논문, 2012, 203면.

통해 바람직한 쓰기 태도를 수립할 수 있도록 구성되어야 한다.

다음으로 '지식'은 쓰기에서 내용 지식의 구성을 위해서 알고 있어야 하는 명제적 지식을 의미한다. 내용 지식 구성 교육의 내용은 학습자가 반드시 알아야 할 것으로서의 '지식'과 그 지식의 학습을 통해 할 수 있어야 하는 것으로서의 '수행' 두 측면을 고려해야 한다. 명제적 지식의 측면에서 구체적으로 어떤 방법이 있는지를 모른다면 절차적 지식으로서의 방법의 활용은 이루어질 수 없다. 내용 지식에 관한 기본 지식을 체계적으로 이해하는 것은 내용 지식 구성 능력을 향상하기 위한 교육에서 가장 기초가 된다. 지식 범주의 내용은 내용 지식이란 무엇인지, 내용 지식을 구성하는 주체가 누구인지, 내용 지식이 어떤 단계에 따라 구성되는지에 대한 지식, 즉, 내용 지식의 개념과 유형, 내용 지식 구성 주체와 단계에 대한 지식으로 내용 구성 방법의 효율적인 활용을 뒷받침하는 역할을 한다.

또한 '방법'은 수행에 필요한 방법적 지식들로 구성된다. 여기에는 내용 지식의 구성에 필요한 원리와 방법 등이 포함된다. 내용 지식을 효율적으로 구성하게 하는 방법을 익히는 것은 내용 지식 구성 교육에 있어 가장 핵심적인 부분이다. 내용 지식 구성에 관한 명제적 지식을 이해하고 이를 바탕으로 구성 방법을 익혔을 때 비로소 진정한 내용 지식 구성 능력이 향상되었다고 할 수 있다.

마지막으로 '평가'는 내용 지식을 산출하고 선별하며 조직하는 전반적인 과정과 쓰기를 마친 후 전체 글의 내용에 대한 평가 사항들로 구성된다. 이는 내용 지식을 구성할 때의 방법적 측면에서도 고려되어야 할 요인이다. 학습자들은 내용 지식 구성 방법을 이해한 후, 학습한 방법을 평가라는 실제적 연습을 통해 익힐 수 있기 때문이다.

내용 지식 구성 교육에서 '태도', '지식', '방법', '평가'는 불가분의 관계로 서로 관련되어 있다. 학습자들은 내용 지식을 구성할 때 요구되는 '태도'를 '지식'을 통해 이해할 수 있고, 실제적으로 내용 지식 구성 '방법'을 쓰거나 혹은 '평가'하는 활동을 통해 익히게 되며, 그 과정에서 '태도'를 내면화할 수 있다. 내용 지식에 관한 '지식'을 배우는 목적은 이를 바탕으로 내용 지식의 구성 '방법'을 효율적으로 사용하기 위함이다. 따라서 지식이 전제되었을 때 비로소 방법의 활용이 가능하게 되며, 학습자들이 내용 지식에 대한 정확한 '태도'를 갖추고 자신의 글이나 동료 학습자의 글에 대한 적극적인 '평가'를 진행할 때 방법의 활용은 더욱 효과적으로 이루어지게 된다.

2.2. 교육 내용의 상세화

각 범주에 해당하는 구체적인 교육 요소는 2장에서 논의한 내용 지식의 기본 개념과 3장에서 살펴본 쓰기 교재에서의 내용 지식 구성 활동, 그리고 4장에서 분석한 내용 지식을 구성할 때 생기는 문제점들을 바탕으로 추출할 수 있다.

2.2.1. 태도 범주의 교육 내용

'태도'에 대한 교육을 통해 학습자들은 모국어와 한국어 쓰기의 차이점을 이해하고, 쓰기에서 내용의 중요성을 정확하게 인식하여 이를 바탕으로 적극적으로 내용 지식을 구성하는 능동적인 필자가 될 수 있다.

한국어 교육에서 쓰기는 가르치기 어려운, 배우기 어려운 기능으로 인식되어 있다. 그만큼 쓰기 과정에서 일어나는 인지적인 활동이 복잡하고 어렵기 때문이다. 따라서 대다수의 학습자들은 언어의 네 가지 기능 중에서도 쓰기를 가장 어려워하고 쓰기를 하는 데 부담감을 가지고 있다. 이는 학습자뿐만 아니라 교사에게도 해당되는 사항이다.

인터뷰 결과에 따르면 대부분의 학습자들은 첫째, 쓰기가 어렵고 쓰기를 잘 못한다는 불안감을 가지고 있었고, 둘째, 한국어 쓰기는 모국어보다 잘 쓰지 못해도 된다는 관점을 취하였으며, 셋째, 한국어 쓰기는 형식적으로 정확하게 쓰는 것이 가장 중요하다고 보고 있었다. 쓰기 자체에 대해 불안감을 느끼는 현상은 한국어 쓰기에서 상대적으로 더 많이 나타났는데, 이러한 현상이 생기는 가장 큰 요인은 언어 능력의 부족과 부족한 언어를 사용하여 글을 써내야 하는 부담감에서 생기고 있었다. 또한 학습자들은 모국어 쓰기에서는 내용을 중요하게 보고 내용과 형태적 측면에서 모두 우수한 결과물을 산출해야 함을 인정하였지만, 한국어 쓰기에서는 형태적으로 정확하고 적당한 양의 결과물을 산출하면 된다고 생각하고 있었다. 이와 같이 학습자들은 한국어 쓰기에 대해 정확한 이해가 선행되지 못하였고, 따라서 한국어 쓰기에서 내용의 중요성을 인식하지 못하였다.

이와 같이 학습자들이 모국어 쓰기에서 지니는 부정적인 태도는 그대로 한국어 쓰기에서 나타났고, 언어 능력의 부족으로 인해 한국어 쓰기에 대한 태도는 더욱 부정적으로 나타나고 있었다. 이런 태도는 쓰기 결과물의 양과 질에 직접적인 영향을 미친다. 따라서 학습자들의 내용 지식 구성 능력이 향상되기 위해서는 한국어 쓰기에 대해 정확한 인식을 바탕으로 바람직한 태도가 형성되어야 한다.

내용 지식 구성에서 '태도'와 관련하여 생긴 문제를 해결하기 위해서는 우선 학습자들이 한국어 쓰기의 중요성과 가치를 정확하게 인식하여 쓰기에 대한 관점을 변화시켜야 할 것이다. 또한 모국어 쓰기와 한국어 쓰기의 차이점에 대한 이해가 선행되어야 한다. 모국어 쓰기와 한국어 쓰기는 언어만 다를 뿐 같은 능력이 요구되나 모국어 쓰기를 잘한다고 해서 한국어 쓰기를 꼭 잘하는 것은 아니며, 각각의 쓰기는 언어 외에도 글의 구성 형태 등이 다르다는 점들을 이해하도록 해야 할 것이다. 이를 통해 학습자는 앞으로 경험할 어려움을 미리 이해할 수 있다. 또한 학습자들이 한국어 쓰기에 적극적으로 참여할 수 있도록 동기를 부여해주고, 제2언어로서의 한국어 쓰기 능력이 학습을 통해 향상할 수 있을 것이라는 믿음을 심어주어 쓰기에 대한 불안감을 해소하고 자신감을 가질 수 있도록 해야 한다. 한국어 쓰기에 대한 정확한 이해가 선행되면 한국어 쓰기에서 내용의 중요성을 인식할 수 있다.

이상의 논의를 바탕으로 내용 지식 구성을 위한 교육의 '태도' 범주에서는 다음과 같은 내용 요소를 제시할 수 있을 것이다.

〈표 5-1〉 '태도' 범주의 교육 내용 요소

내용 범주	내용 요소
한국어 쓰기에 대한 인식	쓰기의 중요성과 가치를 이해한다.
	모국어 쓰기와 한국어 쓰기의 차이점을 이해한다.
한국어 쓰기에 대한 태도	한국어 쓰기에 적극적으로 참여하려는 태도를 가진다.
	한국어 쓰기를 잘 할 수 있다는 자신감을 가진다.

먼저 '쓰기에 대한 인식'에서는 학습자들이 한국어 쓰기의 중요성과 가치를 이해하여 쓰기를 해야 하는 필요성을 알게 한다. 또한 모국어와 한국어 쓰기의 차이점에 대한 올바른 이해를 바탕으로 한국어 쓰기에 대한 바람직한 태도를 수립할 수 있다. 쓰기의 본질로 볼 때, 모국어 쓰기와 한국어 쓰기는 모두 자신의 표현하려는 바를 논리적으로 기술하는 것이며, 사고를 통해 의미를 구성해가는 창의적인 활동 과정이다. 다만

한국어 쓰기는 제2언어를 사용한 쓰기이므로 모국어에 비해 언어 사용 경험이 부족하고 글의 유형, 독자와의 상호작용 경험 등 측면에서 차이점을 가지게 된다. 따라서 한국어 쓰기에서는 언어적 표현의 정확성 및 유창성이 이루어야 할 목표 중의 하나가 되며, 궁극적인 목표는 이를 바탕으로 자신이 표현하려는 바를 명확하고 논리적으로 쓰는 것이다. 이를 통해 학습자들은 모국어 쓰기와 한국어 쓰기에서 지향하는 궁극적인 목표는 일치하며 따라서 한국어 쓰기에서도 형태적 측면에 대한 고민과 더불어 내용적 측면에 대한 고민도 필수적이라는 점을 이해할 수 있다.

다음으로 '한국어 쓰기에 대한 태도'에서는 한국어 쓰기에 대한 정확한 인식을 바탕으로 학습자들에게 쓰기에 적극적으로 참여할 수 있는 동기를 부여해준다. 또한 제2언어로서의 한국어 쓰기 능력이 학습을 통해 향상할 수 있으며 모국어 쓰기에 비해 부족하지 않은 결과물을 산출할 수 있다는 믿음을 심어주어 쓰기에 대한 불안감을 해소하고 자신감을 가질 수 있도록 한다. 궁극적으로 학습자들이 쓰기에 대한 적극적인 참여를 통해 능동적이고 자신감 있는 필자가 되도록 이끌어줄 수 있을 것이다.

2.2.2. 지식 범주의 교육 내용

'지식' 범주의 교육을 통해 학습자들은 내용 지식과 내용 지식의 구성에 관한 기본적인 지식을 알고 이를 바탕으로 내용 지식에 대해 체계적으로 이해할 수 있다.

앞선 절에서 살폈듯이, 학습자들은 한국어 쓰기에서 내용의 중요성을 인식하지 못하고 있었다. 아울러 글의 내용에 이바지하는 내용 지식에 대한 인식도 부족하였다. 실제로 학습자들은 자신의 기존 지식을 활용하여 쓰기를 수행하고 있었다. 쓰기 과정에서 대다수의 학습자들은 기존 지식을 단순 나열하는 방법을 사용하였는데, 이로 인해 기존 지식의 활용이 압도적으로 많은 반면 통합된 지식의 활용은 미흡한 양상을 보였다. 또한 학습자들은 인터뷰를 통해 자신의 글에서 부족한 부분은 상호텍스트적 지식의 획득을 통해 보충하고 싶다는 생각을 드러내었다. 이와 같이 학습자들은 쓰기를 할 때 사전 지식과 상호텍스트적 지식의 활용은 염두에 두고 있었으나 통합된 지식의 구성은 중요하게 생각하지 않고 있었다. 통합적 지식의 구성을 간과하였다는 것은 지식의 본질에 대한 인식이 부족하며 아울러 내용 지식에 대한 이해가 충분하지 않음을 보여준다.

한편 학습자들은 한국어 쓰기를 할 때 내용 지식 구성에서 고려해야 할 요인인 통일성, 일관성, 완결성을 고려하면서 글을 완성하는 데 어려움을 느끼고 있었다. 대부분의 학습자들은 쓰기에서 내용 지식을 선별할 때 그 기준을 명확하지 알지 못하여 자신의 주관적인 판단에 근거하여 선별하고 있었다. 또한 내용 지식을 적절하게 배열하고 전개하는 방법에 대한 이해가 부족하여 내용 지식 간의 연결과 위계 관계가 부적절한 글을 산출하였다. 결국 전반적인 글의 내용은 모국어 쓰기에 비해 질적으로 부족한 결과를 가져왔다. 이러한 현상들은 학습자들이 내용 지식을 구성할 때 고려해야 할 요인을 정학하게 이해하지 못해 발생한 것이다.

내용 지식에 대한 이해의 부족으로 발생한 문제를 해결하기 위해서는 우선 쓰기의 특성에 대한 이해가 선행되어야 할 것이다. 그리고 글의 내용을 구성하기 위해 어떤 내용 지식을 활용할 수 있고, 어떻게 구성할 것이며, 내용 지식을 구성함에 있어 어떤 요인들을 고려해야 하는지를 이해하도록 해야 한다. 쓰기에서 내용 지식의 역할을 이해하고 이를 염두에 둔다면 이를 바탕으로 보다 효과적으로 내용 지식을 구성할 수 있다.

이상의 논의를 바탕으로 내용 지식 구성을 위한 교육의 '지식' 범주에서는 다음과 같은 내용 요소를 제시할 수 있을 것이다.

〈표 5-2〉 '지식' 범주의 교육 내용 요소

내용 범주		내용 요소
쓰기의 특성		쓰기의 구성 요소를 알고 요소들 간의 관계를 이해한다.
		쓰기의 구성 요소로서의 내용의 중요성을 이해한다.
내용 지식의 특성	본질	명제적 지식과 절차적 지식으로서의 내용 지식을 이해한다.
		사전 지식으로서의 내용 지식을 이해한다.
		상호텍스트성에 기반한 내용 지식을 이해한다.
		통합된 지식을 이해한다.
	구성 주체	구성 주체로서 필자의 역할을 이해한다.
		구성 주체인 독자와의 의사소통을 이해한다.
		구성 주체인 담화공동체와의 상호작용을 이해한다.
	구성 단계	내용 지식의 구성 단계로 창출하기를 이해한다.
		내용 지식의 구성 단계로 선별하기를 이해한다.
		내용 지식의 구성 단계로 조직하기를 이해한다.
		각 구성 단계가 회귀적으로 이루어짐을 이해한다.

먼저 '쓰기의 특성'에서는 내용 지식의 역할과 중요성을 인식하기 위해 쓰기를 구성하는 요소와 각 요소들 사이의 관계를 이해하도록 한다. 학습자들은 쓰기의 구성 요소에 대한 이해를 통해 한국어 쓰기에서 형태적 정확성이 가장 중요하다고 생각하는 관점을 바꾸고 각각의 요소들을 고려하면서 쓰기를 해야 한다는 점을 인식할 수 있을 것이다.

다음으로 '내용 지식의 본질'에서는 먼저 형식적 관점과 인지적 관점에서 지식의 본질을 이해시킨다. 지식은 개인이 독자, 담화공동체 등과 상호작용을 통해 구성해나가는 것임을 인식하면 쓰기를 할 때 적극적이고 능동적으로 내용 지식을 구성하려는 자세를 갖출 수 있다. 또한 실제적인 쓰기에서 활용되는 기존 지식, 상호텍스트적 지식, 통합된 지식을 알고 각각의 내용 지식들이 가지는 중요성을 이해하여 다양한 내용 지식을 구성해야 함을 인식하게 한다.

그리고 '내용 지식의 구성 주체'와 '구성 단계'에서는 내용 지식 구성 과정에서 각각의 주체들이 어떤 역할을 하는지, 어떤 방법으로 상호작용을 하는지를 이해하도록 한다. 또한 내용 지식을 어떤 단계에 거쳐 구성하고 각 단계에서 어떤 방법을 활용할 수 있는지를 이해하게 한다. 내용 지식 구성 주체로서 지니는 역할과 각 주체들 간의 관계를 알고 어떤 관점에서 내용 지식을 구성하는지를 이해한다면 다양한 측면에서, 다양한 방법을 활용하여 내용 지식을 구성할 수 있다.

2.2.3. 방법 범주의 교육 내용

내용 지식의 구성에 대한 '태도'와 '지식'은 내용 지식의 구성 '방법'을 교육하기 위한 전제가 된다. 학습자들은 내용 지식 구성 '방법'에 대한 교육을 통해 각 단계에 내용 지식을 효과적으로 구성할 수 있는 방법을 익힐 수 있다.

내용 지식을 구성하는 단계는 창출하기, 선별하기, 조직하기이다. 대부분의 학습자들은 모국어와 한국어 쓰기에서 내용 지식을 창출하고 선별하여 조직하는 회귀적인 과정을 거쳐 내용 지식을 구성하고 있었다. 동일한 과정을 거쳐 내용 지식을 구성함에도 불구하고 한국어 쓰기 결과물의 내용은 모국어 쓰기에 비해 질적으로 부족하고, 학습자 또한 한국어 쓰기에서 내용 지식의 구성이 더 어렵다고 느끼고 있다. 그 이유는 학습자들이 한국어 쓰기에서 내용 지식을 구성할 때 어떤 요인들을 고려해야 하는지를 정확하게 이해하지 못하였기 때문이다.

먼저 내용 지식을 창출하는 과정에서 학습자들은 주제에 대해 알고 있는 지식을 떠올리는 것으로 시작하였다. 모국어 쓰기에서 창출해 낸 내용 지식은 한국어 쓰기에 비해 미약한 차이지만 많은 양을 보여주었다. 또한 모국어로 창출해낸 내용 지식은 서로의 연결고리를 바탕으로 위계화 되었으나, 한국어로 창출해낸 내용 지식은 대부분이 위계 관계에 따르지 않고 단순히 나열되어 있었다. 즉, 한국어 쓰기에서 주제에 대한 기존 지식의 활성화가 다소 부족하며, 활성화된 내용 지식들이 서로의 관계에 따라 연결되지 않았다는 것이다. 기존 지식이 충분하게 활성화되지 않으면 다양하고 풍부한 내용 지식의 창출이 어렵게 된다.

한편 학습자들은 한국어 쓰기에서 '스마트폰이 우리에게 주는 영향'이라는 주제를 받은 후 일상생활에서 보편적으로 나타나는 스마트폰의 장단점을 떠올리고 그에 따라 자신의 관점을 결정하였다. 여기에서 스마트폰의 장단점은 곧 학습자의 생각을 주장할 수 있는 구체적인 근거가 될 수 있다. 그러나 주제에 대해 깊이 있는 사고를 거치지 않고 단순하게 떠오르는 내용 지식을 근거로 활용할 경우 의견을 뒷받침해주는 근거들의 연결성이 부족하게 되고 이에 따라 학습자의 의견을 강력하고 설득력 있게 주장하는 데 실패하게 된다.

다음으로 내용 지식을 선별하는 과정에서 대부분의 학습자들은 <사전 지식 검사지>에 제시한 내용 지식을 제시된 순서대로 선별하여 활용하는 경우가 많았다. 여러 개의 내용 지식 중에서 선별해야 하는 경우에는 글의 구조나 앞뒤 내용 지식 간의 관계에 대한 고려가 없었고, 독자나 담화공동체의 입장에 대한 고려도 없이 단지 개인의 객관적인 생각에만 의존하고 있었다. 따라서 선별된 내용 지식들은 너무 보편적이어서 학습자의 창의성이 부족함을 드러내었고 전반적인 글에서 위계 관계가 적절하게 연결되지 않는 경우가 있어 일관성이 부족한 결과를 초래하였다.

마지막으로 내용 지식을 조직하는 과정에서 학습자들은 내용 지식 구성에서 고려해야 할 요인에 따라 조직하는 것을 어려워하였다. 따라서 이와 같은 구체적인 요인을 바탕으로 내용 지식을 조직한 것이 아니라 자신의 주관적인 판단에 의해 선별하고 조직하였으므로 내용적 측면에서 일관성, 통일성, 완결성이 부족한 결과를 가져오고 있었다. 이로 인해 일부분 학습자의 결과물에는 글의 주제와 일치하지 않은 내용 지식이 제시된 경우가 있었다. 또한 주제문과 뒷받침 문장이 일관적으로 전개되지 않아 내용 지식들 간의 관련성이 부족함을 보여주었고, 주제문을 뒷받침하는 문장이 충분하지 않아 설득력이 떨어지는 경우도 나타나고 있었다. 뿐만 아니라 학습자 스스로도 자신이 구성한 내용 지식이 좋은지 나쁜지를 평가하기 어려워하고, 아울러 자신이 쓴 글의 내용에 대해 자신감을 잃는 경향을 보여주었다.

이상에서 논의한 문제를 해결하기 위해서는 각 단계에서 실제로 내용 지식을 구성해볼 수 있는 구체적인 활용이 이루어져야 할 것이다. 쓰기 전에는 학습자의 기존 지식을 활성화할 수 있는 다양한 활동이 이루어져야 하고, 이러한 활동을 통해 학습자들은 내용 지식의 다양성과 풍부성을 확보할 수 있어야 한다. 쓰기에 활용할 내용 지식은 정확해야 할 뿐만 아니라 객관적이고 신뢰성이 있어야 한다. 이는 참고 자료에 의거하거나 담화공동체와의 논의를 통해 해결할 수 있다. 참고 자료의 활용은 보다 정확한 정보의 획득이 가능하게 하고, 자료의 출처를 밝혔을 때 이는 정보가 객관적인지 그리고 신뢰성이 있는지를 판단하는 기준이 될 수 있다.

내용 지식을 구성하는 방법은 아주 다양하다. 그러나 내용 지식을 구성할 때 가장 중요한 것은 학습자 스스로 자신이 구성한 내용 지식이 좋은 내용 지식인가를 판단할 수 있어야 한다. 이때의 판단 기준은 내용 지식을 구성할 때 고려해야 할 요인이 된다. 내용 지식을 조직할 때 우선적으로 고려해야 할 요인으로는 통일성, 일관성, 완결성이 있다. 마찬가지로 내용 지식을 창출하고 선별할 때 고려해야 할 요인은 위에서 제시한 정확성, 객관성, 신뢰성, 다양성, 풍부성이 될 수 있을 것이다. 이와 같은 요인들을 고려하면서 구성된 내용 지식이어야 글의 내용에 진정으로 기여할 수 있다. 따라서 학습자들은 이러한 요인들을 항상 염두에 두고 내용 지식을 구성해야 하며 또한 요인들을 바탕으로 자신이 구성한 내용 지식을 수시로 자가 점검할 수 있어야 한다.

이상의 논의를 바탕으로 내용 지식 구성을 위한 교육의 '방법' 범주에서는 다음과 같은 내용 요소를 제시할 수 있을 것이다.

〈표 5-3〉 '방법' 범주의 교육 내용 요소

내용 범주	내용 요소
내용 지식의 창출	기존 지식을 활성화한다.
	직접 및 간접 경험을 내용 지식으로 활용한다.
	현재 사회에서 발생하는 이슈를 내용 지식으로 활용한다.
	참고 자료를 통해 내용 지식을 획득한다.
	자기주장을 뒷받침할 수 있는 내용 지식을 창출한다.
내용 지식의 선별	주제에 관련된 내용 지식을 선별한다.
	쓰기에 필요한 내용 지식을 선별한다.
	중요도에 따라 내용 지식을 선별한다.
	위계 관계에 따라 내용 지식을 선별한다.
내용 지식의 조직	일관성에 근거하여 내용 지식을 조직한다.
	통일성에 근거하여 내용 지식을 조직한다.
	완결성에 근거하여 내용 지식을 조직한다.

먼저 내용 지식의 창출 단계에서는 학습자의 기존 지식을 최대로 활성화하는 연습을 할 수 있다. 이 과정에서 학습자들은 본인과 타인의 경험도 쓰기를 위한 내용 지식이 될 수 있음을 이해하고 이를 적극적으로 활용하여 풍부한 내용 지식을 창출할 수 있어야 한다. 또한 다양한 참고 자료를 획득하고 자료를 통해 쓰기에 필요한 내용 지식을 획득할 수 있어야 한다. 이를 위해서 다양한 경로를 통한 참고 자료의 수집과 자료를 정확하게 이해하고 필요한 정보를 찾을 수 있는 연습이 이루어져야 할 것이다. 특히 학습자들에게 하나하나의 내용 지식들이 자신의 주장을 뒷받침할 수 있는 근거가 될 수 있다는 점을 명기시킬 필요가 있다. 이를 통해 학습자들이 자기주장을 설득력 있게 뒷받침할 수 있는 내용 지식을 창출할 수 있도록 해야 한다.

　내용 지식을 창출함에 있어 학습자는 스스로 다음과 같은 질문을 하면서 창출한 내용 지식이 적절한지를 판단할 수 있을 것이다. 창출한 내용 지식이 ①주제에 적절한가? ②정확한가? ③양은 풍부한가? ④ 신뢰성을 가지는가? ⑤근거로 활용하기에 타당한가?

　다음으로 내용 지식의 선별 단계에서는 창출한 내용 지식이 주제에 관련이 있는지를 판단할 수 있어야 한다. 이를 위해 쓰기에 활용될 내용 지식은 주제와 일치해야 하고, 자신이 쓰려는 내용에 알맞지 않으면 활용할 수 없다는 점을 인식시킨다. 그리고 한 범주에 해당하는 여러 개의 내용 지식 중에서 선별할 때는 중요도의 우선순위를 고려하여 선별하고, 전체적인 글에서 내용 지식들 간의 위계 관계를 바탕으로 각 문단에 알맞은 내용 지식을 선별할 수 있도록 한다. 최종적으로 학습자들은 선별된 내용 지식들이 전반적인 글의 구조에 적합한지를 판단할 수 있어야 한다.

　내용 지식을 선별함에 있어 학습자는 스스로 다음과 같은 질문을 하면서 선별한 내용 지식이 적절한지를 판단할 수 있을 것이다. 선별한 내용 지식이 ①주제와 통일되는가? ②쓰기에 꼭 필요한 것인가? ③어떤 것이 더 중요한가? ④글이 구조에 적합한 것인가?

마지막으로 내용 지식의 조직 단계에서는 통일성, 일관성, 완결성을 바탕으로 내용 지식을 배열하고 조직할 수 있도록 한다. 선별 단계에서의 통일성은 내용 지식이 글의 주제에 적합한가를 판단하는 기준이 되고, 조직 단계에서의 통일성은 전반적인 글에서 활용된 내용 지식들이 주제와 일치한가, 문단 내에서 주제문과 뒷받침 문장의 주제가 일치한가를 판단하는 기준이 될 수 있다. 따라서 조직하기 단계에서 학습자들은 전반적인 글과 문단 내에서 내용 지식들이 통일되어 있는가를 판단할 수 있어야 한다. 또한 내용 지식이 글의 시작 부분에서 끝까지 일관적으로 제시되어 있는지, 자신의 관점을 두드러지게 표현할 수 있는 근거들이 강조되어 자신의 주장이 명확하게 제시되었는지를 확인할 수 있어야 하고, 글을 완성하였을 때 전반 글을 이루고 있는 내용 지식들이 체계적인지를 판단할 수 있어야 한다.

내용 지식을 조직함에 있어서는 다음과 같은 질문을 할 수 있다. 조직된 내용 지식은 ①글의 주제와 문단의 소주제와 통일되는가? ②전반적인 글과 문단 내에서 긴밀하게 연결되어 있는가? ③자기주장을 뒷받침하기에 충분한가? ④글의 흐름에서 꼭 필요한 것인가?

2.2.4. 평가 범주의 교육 내용

내용 지식 구성 교육에서 '평가' 범주는 '방법'과 밀접한 관계를 가진다. 내용 지식을 구성할 때 고려해야 할 요인이 평가를 위해 알아야 할 요인이기도 하기 때문이다. 학습자들은 내용에 대한 자기 평가 혹은 동료 평가를 통해 내용 지식을 구성하는 방법에 더 익숙해지고, 평가를 통해 발견한 문제를 수정함으로써 궁극적으로 내용의 질을 향상시킬 수 있다.

과정 중심의 쓰기 교육 이론에서 제시했듯이 평가는 전반적인 쓰기 과정에서 회귀적으로 이루어진다. 따라서 내용 지식을 구성하는 과정에서도 내용에 대한 평가는 쓰기를 시작해서부터 끝날 때까지 지속적으로 이루어진다고 할 수 있다. 내용에 대한 평가는 크게 두 가지 측면에서 살펴볼 수 있다. 첫 번째는 쓰기 과정에서 구성한 내용에 대한 평가이고 두 번째는 쓰기를 완성한 후 전반적인 글의 내용에 대한 평가이다. 글에 대한 반복적인 평가를 통해 문제를 찾고 또 그 문제를 수정해야만 전반적인 내용은 매끄럽게 잘 다듬어질 수 있다.

그러나 '방법' 범주에서 논의하였듯이 한국어 학습자들은 내용 지식을 산출하고 선별하며 조직하는 과정에서 고려되어야 할 요인이 무엇인지, 즉 내용을 평가하기 위한 기준이 무엇인지에 대한 이해가 부족하였다. 따라서 쓰기 과정에서 내용 상 어떠한 문제가 있는지를 찾고 수정하는 활동은 거의 이루어지지 못하는 상황이다. 이와 같이 쓰기 내용에 대한 문제의식이 부족하고 평가와 같은 쓰기 활동이 적극적으로 이루어지지 않으면 학습자가 앞서 학습한 내용 지식의 구성에 관한 지식과 방법은 무용지물이 될 수밖에 없다. 내용 지식을 구성하는 방법과 평가가 긴밀히 연결되어 있고 평가가 전반적인 쓰기 과정에서 이루어진다는 점에서 평가에 대한 교육은 반드시 진행되어야 할 필수적인 내용이다.

앞선 절에서 논의한 내용을 바탕으로 '평가' 범주의 교육 내용을 아래와 같이 제시할 수 있다.

내용 범주		내용 요소
창출된 내용 지식		주제에 적절한가?
		내용이 정확한가?
		양이 풍부한가?
		신뢰성을 가지는가?
		근거로 활용하기에 타당한가?
선별된 내용 지식		주제와 통일되는가?
		쓰기에 꼭 필요한 것인가?
		어떤 것이 더 중요한가?
		글이 구조에 적합한 것인가?
조직된 내용 지식2)	통일성	서론, 본론, 결론의 내용이 일치한가?
		단락 내에 하나의 주제문만 있는가?
		단락 내 주제문과 뒷받침 문장이 일치한가?
		단락 내 주제문과 뒷받침 문장이 관련이 있는가?
	일관성	서론, 본론, 결론의 내용이 긴밀하게 연결되는가?
		단락 내 문장들이 논리적으로 배열되었는가?
		단락 내 모순되는 문장들이 존재하는가?
		단락 내 반복되는 문장들이 존재하는가?
	완결성	결론이 적절하게 작성되었는가?
		각 단락에 주제문이 포함되어 있는가?
		주제문에 해당하는 뒷받침 문장이 있는가?

먼저 창출된 내용 지식에 대한 평가 교육은 내용 지식이 주제와 맞는 내용인지, 쓰기에 활용이 가능한 정확한 정보이고 신뢰성을 가지는지, 주제를 뒷받침할 수 있는 근거로 적절한지, 전체적인 양이 풍부한지 등을 중심으로 이루어질 수 있다. 학습자들은 자신이 창출한 내용 지식들이 위의 조건을 만족시키는지를 정확하게 판단할 수 있어야 한다. 또한

---

2) 전미화, 「중국인 유학생의 쓰기에 나타난 내용 조직 양상 연구」, 『외국어로서의 한국어교육』 45호, 2016, 339면.

평가 기준에 부합되지 않는 내용을 발견했을 경우, 스스로 그 원인을 파악하고 적절하게 수정하거나 혹은 다른 내용 지식을 새로 창출할 수 있어야 한다. 학습자들의 내용 지식 구성 양상에 비추어 볼 때, 대다수의 학습자들은 쓰기에 필요한 적절한 양의 내용 지식을 창출하는 데 어려움을 느낀다. 따라서 획득한 내용 지식을 단순하게 나열하는 경우가 많이 나타나고 있었는데, 그 원인 중의 하나는 학습자들이 자신이 창출한 내용 지식이 어떠한지를 제대로 평가하는 능력이 결여되었다는 점이다. 창출한 내용 지식에 대한 자기 평가 활동을 반복적으로 진행하여 학습자들이 그 중요성을 인식하고 내용 지식의 질을 높일 수 있도록 해야 할 것이다.

선별된 내용 지식에 대한 평가는 쓰기 개요에 따라 볼 때 전반적인 구조와 단락의 구조에 맞는 내용인지, 글의 주제를 내세우기 위해 반드시 필요한 것인지, 창출된 내용 지식 중에서 가장 중요한 것인지를 고민해야 한다. 내용 지식을 선별함에 있어 또 한 가지 중요한 점은 선별한 내용 지식들 간의 의미 관계를 고려해야 한다는 것이다. 어떤 내용 지식을 서론에서 사용하고 어떤 것을 본론이나 결론에서 사용할 것인지, 서론이나 본론, 결론에서 사용될 내용 지식들이 의미상 연결이 가능한지를 미리 고민해야만 내용 지식을 조직하는 단계가 쉬워질 것이다. 이러한 평가는 내용을 지식을 창출하는 단계에서도 마땅히 선행되어야 한다. 내용 지식 창출하기 단계에서 평가 활동이 적절하게 진행되었다면 내용 지식을 선별하고, 선별된 내용 지식을 평가하는 데는 큰 무리가 없을 것으로 보인다.

마지막으로 조직된 내용 지식의 평가는 통일성과 일관성, 완결성의 측면에서 구체적으로 이루어져야 한다. 통일성은 서론, 본론, 결론의 내용이 주제와 일치한지, 단락 내 주제문과 뒷받침 문장이 일치한지와 적절하게 제시되었는지를 구체적인 하위 기준으로 삼을 수 있다. 일관성에서는 서론, 본론, 결론이 의미상 일치한지, 단락 내 주제문과 뒷받침 문장들이 의미 관계에 따라 정확하고 적절하게 연결되었는지를 기준으로 삼을 수 있다. 완결성에서는 글의 흐름상 각 단락의 내용이 부족하지 않은지를 살핀다. 내용 지식의 구성 과정에서 학습자들이 가장 많은 문제를 보인 것은 내용 지식의 조직이다. 주제에 대해 많은 내용 지식을 알고 있다 하더라도 이를 적절하게 배열하고 조직하지 못한다면 글의 내용은 논리성이나 연결성을 잃게 된다. 평가 기준에 부적절한 내용 지식을 발견했을 경우 이를 대체할 수 있는 새로운 내용 지식을 다시 찾고 선별하여 조직해야 하는 복잡한 단계를 거쳐야 한다. 이러한 문제를 해결하기 위해서는 내용의 조직에 대한 평가 및 수정 활동을 통해 학습자가 문장과 단락의 구성, 문장과 문장의 연결 등 쓰기에서 가장 기초적이면서 중요한 쓰기 방법을 익히도록 해야 할 것이다.

지금까지 3장과 4장에서의 분석 결과를 바탕으로 쓰기 내용 지식 구성을 위한 교육 내용을 설계하여 제안하였다. 내용 지식 구성 교육의 범주는 '태도', '지식', '방법', '평가'로 이는 학습자들이 내용 지식을 구성하는 과정에서 생기는 문제점을 바탕으로 제시한 것이다. 교육 내용에 있어 '태도', '지식', '방법', '평가' 네 범주는 서로 상호작용을 하는 관계이다. 따라서 각 범주의 내용은 각각 분리되어 교육되어서는 안 되며 다른 범주의 내용과 함께 강조하면서 교육되어야 한다. 또한 실제로 교육을 진행하는 과정에서 내용 지식의 본질 및 내용 지식의 구성 주체와 단계가 기반으로 되어야 할 것이다. 즉, 내용 지식 관련 이론들이 내용 지식의 구성을 위한 교육의 원리로 적용되어야 한다는 것이다.

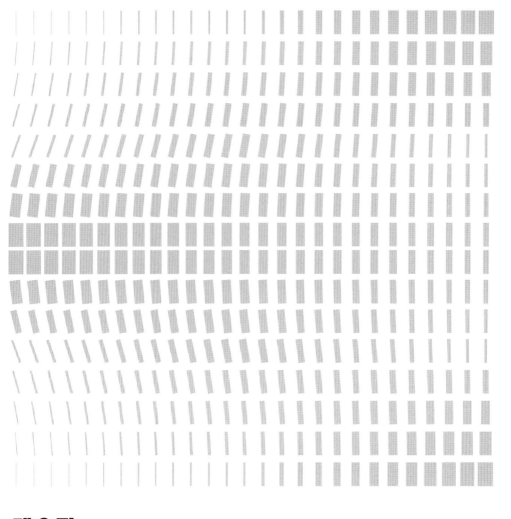

제 6 장

한국어 쓰기 내용 지식 구성
교육을 위한 제언

한국어 쓰기 내용 지식 구성 교육을 위한 제언

이 책은 한국어 학습자들이 쓰기에서 내용 지식을 구성하는 양상을 통해 문제점을 분석하고, 이를 바탕으로 한국어 쓰기에서 내용 지식 구성에 초점을 둔 교육 내용을 마련하는 데 목적을 두었다. 이를 위해 쓰기 이론에 대한 고찰을 통해 쓰기 교육에서 내용적 측면에 대한 논의가 부족함을 비판적으로 검토하고, 쓰기에서의 내용 지식의 본질에 대해 논의하였다. 그리고 한국어 쓰기 교재에서 내용 지식에 관한 활동이 어떤 방식으로 기술되었는지를 살펴보고, 학습자들이 모국어와 한국어 쓰기에서 내용 지식을 구성하는 양상을 통해 문제점들을 분석하였으며, 이를 바탕으로 내용 지식 구성을 위한 교육 내용을 설계하여 제안하였다.

연구 방법으로는 문헌 연구, 사전 지식 검사 방법, 회상자극기법, 담화분석 방법을 활용하였다. 먼저 쓰기에서 내용 지식에 대한 논의를 고찰한 후, 선행연구를 검토하였다. 그리고 사전 지식 검사 방법과 담화분석을 통해 학습자가 인출한 사전 지식을 살피고, 학습자들이 내용 지식을 어떻게 구성하는지 살피기 위해 학습자의 모국어와 한국어 쓰기의 결과물을 비교 분석하였다. 학습자들의 내용 지식 구성 양상을 심층적으로 분석하기 위해 회상자극기법을 적용하였다.

이 책에서 다룬 내용들을 정리해보면 다음과 같다. 1장에서는 연구의 목적과 필요성에 대해 논의하고 선행연구를 검토하였다. 2장에서는 쓰기 이론을 고찰하고, 쓰기 교육에서 내용적 측면에 대한 논의가 부족함을 비판적으로 분석하였다. 그리고 모국어 쓰기와 제2언어 쓰기에서의 내용 지식에 관한 연구들을 통해 쓰기에서 내용 지식의 역할을 살펴보았다.

3장에서는 한국어 쓰기에서 다루어지는 내용 지식에 대해 기술적으로 논의하였다. 먼저 구성주의 인식론에 입각하여 내용 지식 구성의 논의에 필요한 주요 개념들을 정리하였다. 내용 지식의 개념은 지식의 본질, 즉, 지식이란 필자의 외부에 존재하는 실체가 아니라 담화공동체와의 상호 작용을 통해 구성해 간다는 데에 근거하여 '의미의 구성'에 초점을 두어 논의하였다. 따라서 내용 지식을 필자의 사전 지식과 외부의 상호텍스트 적 지식을 바탕으로 필자와 독자, 담화공동체가 상호작용을 통해 재구성 해가는 것으로 보았다. 이러한 내용 지식에는 기존 지식, 상호텍스트적 지식, 통합된 지식이 있고, 내용 지식을 구성하는 데 필요한 방법의 활 용이 필수적으로 포함되어야 한다고 보았다. 또한 내용 지식을 구성하는 과정에 참여하게 되는 대상들을 구성 주체로 보았고, 그 과정에는 내용 지식을 창출하고 선별하여 조직하는 단계가 포함되며 이러한 단계들이 선조적이 아닌 회귀적으로 이루어짐을 강조하였다.

다음으로 실제 한국어 교육 현장에서 내용 지식을 어떻게 활용하고 구현할 수 있는지를 알아보기 위해 통합 교재, 일반 목적 쓰기 교재, 학 문 목적 쓰기 교재 속의 내용 지식 구성에 관한 쓰기 활동을 살펴보았 다. 그 결과, 쓰기 교재에 제시된 활동은 기존 지식과 상호텍스트적 지 식의 창출에 관한 것이 대부분이었다. 그러나 그러한 활동들이 양적으로 부족하고 구체적으로 제시되지 않아 학습자의 내용 지식 구성 능력을 향상하기에 부족한 것으로 나타났다. 쓰기에서 내용적 측면의 중요성을 강조하면서도 정작 쓰기 교재에서는 이를 반영하지 못하고 있는 것이다. 이를 통해 쓰기에서 내용 지식의 구성을 위한 교육의 필요성을 다시 한 번 확인할 수 있었다.

4장에서는 학습자의 모국어와 한국어 쓰기에서 나타나는 내용 지식 구성 양상을 비교하여 살펴보았다. 이를 통해 한국어 쓰기에서 내용 지식을 구성할 때 생기는 문제점을 밝히고 그 원인을 분석하였다. 분석 결과에 대한 논의는 내용 지식의 구성 단계와 내용 지식의 구성에서 고려해야 할 요인을 기준으로 기술하였다. 학습자들의 내용 지식 구성 양상을 살피는 과정에서 가장 먼저 파악할 수 있었던 것은 그들이 한국어 쓰기에 대한 인식이 정확하지 않다는 점이다. 대부분의 학습자들은 한국어 쓰기는 제2언어로서의 쓰기이므로 모국어보다 잘 쓰지 못해도 된다는 관점을 취하고 있었고, 이는 쓰기 과정과 결과물에 직접적인 영향을 미치고 있었다.

내용 지식 구성 단계에 따라 분석한 결과, 학습자들은 모국어 쓰기에서 미비한 양의 내용 지식을 더 인출하였고, 한국어 쓰기에서 더 많은 내용 지식을 선별하였으며, 모국어와 한국어 쓰기에서 모두 적극적으로 내용 지식을 창출하고 있었다. 그러나 모국어 쓰기에서는 위계 관계를 바탕으로 내용 지식을 인출하고 선별하고 창출하는 경향을 보이는 반면, 한국어 쓰기에서는 생각나는 대로 내용 지식을 인출하고 위계 관계에 대한 고려가 없이 그대로 선별하거나 창출하여 사용하는 경향이 있었다. 또한 모국어 쓰기에서는 인출된 내용 지식들을 적절하게 연결하고 통합하여 활용하는 지식 변형이 잘 이루어졌으나, 한국어 쓰기에서는 지식을 나열하는 현상이 대부분이었다. 이에 한국어 쓰기는 모국어 쓰기와 구조가 비슷할지라도 내용의 질은 모국어에 비해 부족한 것으로 드러났다.

내용 지식 구성에서 고려해야 할 요인에 따라 분석한 결과, 모국어 쓰기에서는 대부분의 텍스트의 내용 지식이 글의 주제와 통일성을 가지고, 일관성 있게 전개되었으며, 전반적인 글과 문단이 완결성을 갖추고 있었다. 반면 한국어 쓰기에서는 문단과 문장의 주제가 통일성이 부족한 경우가 있었고, 주제문과 뒷받침 문장이 연결되지 않거나 같은 의미를 가진 내용 지식이 반복되어 일관성이 부족한 현상이 있었으며, 주제문을 뒷받침하는 내용 지식이 충분히 제시되지 않아 완결성이 떨어지는 양상도 나타나고 있었다. 이를 통해 학습자들이 한국어 쓰기에서 내용 지식 구성 방법을 효과적으로 활용하는 데 미숙하다는 것을 파악하였다. 이는 학습자들이 내용 지식의 구성을 어려워하는 가장 큰 원인으로 작용하였다.

5장에서는 4장의 분석 결과를 바탕으로 내용 지식 구성 교육의 내용을 설계하였다. 교육 내용의 범주는 '태도', '지식', '방법', '평가'로 설정하였고 각 범주에 따라 다룰 수 있는 내용 요소를 제안하였다.

이 책은 한국어 쓰기에서 내용 지식을 구성하는 기본적인 원리와 방법, 그리고 그 실제 적용을 다루는 데 초점을 두었다. 그러나 아직까지 내용 지식의 구성에 대한 이론 정립이 미흡한 상황이며, 실제 교육 방안도 보다 구체화될 필요가 있다. 그러나 그간 쓰기 교육에서 소홀히 다루어졌던 내용 지식에 초점을 맞추어 연구를 진행함으로써, 글의 내용적 측면의 질적 향상을 꾀하였다는 점에서 의의가 있다고 하겠다. 또한 학습자들의 모국어와 한국어 쓰기 자료의 비교 분석을 통해 내용 지식 구성 양상의 분석을 시도하였다는 점에서도 의의를 찾을 수 있다. 앞으로 내용 지식 구성에 관한 연구들이 지속적으로 이루어지길 기대하며, 내용 지식 구성 교육을 위해 몇 가지 제언을 하고자 한다.

첫째, 내용 지식에 관한 이론 정립이 우선시되어야 한다. 내용 지식에 관한 연구는 지식을 구성하는 방법이나 양상에 관한 것이 대부분이다.

쓰기 교육에서 나타나는 문제의 분석도 큰 의미가 있지만 내용 지식의 구성에 관한 체계적인 교육을 진행하기 위해서는 내용 지식의 개념과 유형, 구성하는 방법과 원리에 대한 깊이 있는 연구가 이루어져야 할 것이다. 그 연구 결과는 과정 중심과 장르 중심 쓰기 교육이 병행되고 있는 현재 쓰기 교육에서 새로운 대안적 방법으로 사용될 수 있다.

둘째, 내용 지식의 구성에 관한 구체적이고 다양한 활동이 쓰기 교재의 교육 내용으로 제시되어야 한다. 현재 대부분의 쓰기 교재는 글의 구성을 파악하고 주제에 관한 기존 지식을 확장하여 모방쓰기를 하는 등의 활동에 치우쳐있다. 따라서 학습자들이 스스로 내용 지식을 창출해내고 이를 적절하게 조직하는 등 창조적인 글쓰기 능력을 제고하기 어렵다. 또한 일부 교재에서 글쓰기 이론과 실제를 구분하여 제시하였지만 이론적 부분이 이를 내재화할 수 있는 실제적 쓰기 활동으로 연결되지 못하였다. 학습자들이 쓰기 기술을 익히도록 하기 위해서는 쓰기에 관한 기초 지식과 더불어 이러한 지식들을 내재화할 수 있는 충분한 양의 활동, 예컨대 내용 지식의 창출에 관한 활동, 내용 지식의 선별과 조직에 관한 활동, 내용에 대한 평가 활동, 읽기와 쓰기를 통합한 활동 등이 교재를 통해 제시되어야 할 것이다.

셋째, 내용 지식의 구성에 관한 교육은 다양한 수업을 통해 이루어져야 한다. 현재 쓰기 교육은 통합적 수업이나 전문적인 쓰기 수업을 통해 이루어진다. 그러나 쓰기 교육에서 항상 제기되는 문제는 전문적 쓰기 수업 시간이 부족하다는 것이다. 즉 실제 상황에서 전문적인 쓰기 수업을 통해 학습자들의 쓰기 능력을 향상시키기에는 한계가 있는 것이다. 따라서 쓰기 수업 이외의 다양한 수업을 통해 쓰기와 다른 기능을 통합한 활동을 진행할 것이 필요하다. 예컨대 말하기 수업에서 발표를 위해 작성한 발표문을 함께 평가해보고, 듣기 수업에서 들은 내용을 요약하여 쓰며, 읽기 수업에서 글의 내용 구조에 따라 대략적인 내용을 추측하고 단락의 구성 원리에 따라 주제를 찾고 근거를 파악하는 등 활동이다.

넷째, 교사들의 쓰기 지식에 대한 전문성을 키워야 한다. 내용 지식 이론이 정립되고 좋은 교재가 개발되었더라도 교사의 적절한 지도가 없이는 효율적인 쓰기 수업이 이루어질 수 없다. 쓰기 지도에 대한 교사의 어려움은 기존의 연구나 교육 현장을 통해 확인할 수 있는 사실이다. 그 어려움의 원인은 교사가 한국어 쓰기에 대한 전문 지식이 부족하다는 것이다. 내용 지식의 구성에 초점을 둔 쓰기 교육 역시 교사의 전문성을 요구한다. 교사 본인이 내용 지식의 구성 방법과 원리를 이해하고 내용 지식의 구성 활동에 대한 경험을 구비해야만 이를 바탕으로 내용 지식 구성 교육을 효율적으로 진행할 수 있을 것이다. 교사의 전문성은 내용 지식 관련 이론서와 교재 및 교사지침서 등을 통해 양성할 수 있다.

참고문헌

1. 국내 문헌

강명순, 「쓰기 교육의 연구사와 변천사」, 『한국어교육론3』, 한국문화사, 2005, 59~74면.

김도남, 「상호텍스트성을 바탕으로 한 읽기 지도 방법 연구」, 한국교원대학교 박사학위 논문, 2002.

김도남, 『상호텍스트성과 텍스트 이해 교육』, 박이정, 2003.

김명숙, 「스키마 이론을 적용한 읽기 활동이 고등학생의 영어 읽기 능력에 미치는 영향」, 건국대학교 석사학위논문, 2003.

김정숙, 「내용 지식 구성을 위한 학문 목적 한국어 쓰기 교육 방안」, 『한국어교육』 20-1호, 국제한국어교육학회, 2009, 23~44면.

김준희, 「내용 생성하기 전략 지도가 쓰기에 미치는 영향」, 고려대학교 석사학위논문, 2009.

김지유, 「쓰기 지식과 쓰기 수행에 관한 연구 : 고등학교 학습자를 중심으로」, 고려대학교 석사학위논문, 2009.

김효숙, 「지식 구성 능력 신장을 위한 범교과적 쓰기 지도 방안: 초등학교 6학년 조사 보고서 쓰기를 중심으로」, 서울교육대학교 석사학위논문, 2002.

노명완 외, 『국어교육학개론』, 삼지원, 2012.

노명완 외, 「국어과 사고력 신장 프로그램 계발을 위한 방안 탐색」, 한국교육개발원, 1989.

노정규, 「텍스트의 일관성(cohe>rence textuelle) 관점에서 본 불어 작문: 대학생의 작문 사례 분석」, 한국외국어대학교 박사학위논문, 2005.

문광진, 「중학생의 설명문 쓰기 능력 구성 요인 및 구조 분석」, 한국교원대학교 박사학위논문, 2012.

박소윤, 「그리기를 통한 내용 생성 전략이 쓰기 부진 학생의 글쓰기에 미치는 영향 연구」, 경운교육대학교 석사학위논문, 2013.

박지원, 「학문 목적 학습자들의 담화통합 쓰기 양상 분석 연구: 내용 지식 구성을 중심으로」, 고려대학교 석사학위논문, 2013.

박영목, 『국어교육학 원론』, 박이정, 2003.

박영목, 『작문 교육론』, 역락, 2008.

박태호, 「사회구성주의 패러다임에 따른 작문 교육 이론 연구」, 한국교원대학교 석사학위논문, 1996.

박태호, 「장르 중심 작문 교육의 내용 체계와 교수 학습 원리 연구」, 한국교원대학교 박사학위논문, 2000.

박희조, 「자료 수집을 통한 내용 지식 형성이 쓰기에 미치는 영향」, 고려대학교 석사학위논문, 2009.

방선욱, 「구성주의적 교육관의 이론적 함의와 적용 가능성 고찰」, 『교육학연구』 40-3호, 한국교육학회, 2002, 1~20면.

방종현, 「쓰기에서 내용 지식이 글의 질과 글의 길이에 미치는 영향 연구: 중학생의 설명적 글쓰기를 중심으로」, 고려대학교 석사학위논문, 2009.

백정운(2006), 「내용 생성을 위한 동료 협의가 쓰기에 미치는 영향 연구」, 고려대학교 석사학위논문.

백현숙, 「교육연극을 통한 쓰기 내용 생성 능력 신장 방안 연구」, 진주교육대학교 석사학위논문, 2009.

서영진, 「상호 교섭적 논증 교육의 내용 구성 연구」, 부산대학교 박사학위논문, 2012.

서수현, 「글쓰기에서의 내용 지식에 대한 개념 규정」, 『국어교육』 121호, 한국어교육학회, 2006, 107~128면.

서수현, 「요인 분석을 통한 쓰기 평가의 준거 설정에 대한 연구」, 고려대학교 박사학위논문, 2008.

서수현·이병승, 「내용 지식과 쓰기 성취의 관계에 대한 연구」, 『한국초등국어교육』 39호, 한국초등국어교육학회, 2009, 261~291면.

손다정 외, 「쓰기 지식을 중심으로 한 학문 목적 한국어 쓰기 교육의 연구 경향」, 『어문논집』 56호, 중앙어문학회, 2013, 431~457면.

송해림, 「중학생들의 글쓰기에 나타나는 내용 지식과 수사 지식의 효과 비교 연구」, 고려대학교 석사학위논문, 2010.

신윤경 외, 『글쓰기의 실제(외국인 대학생을 위한 사고와 표현 II)』, 고려대학교 출판부, 2011.

안경화, 「한국어교육 방법론의 재검토: 한국어 쓰기교수학습법의 현황과 과제」, 『국어교육연구』 18호, 서울대학교 국어교육연구소, 2006, 61~90면.

안기주, 「웹과 연계한 내용 생성하기 프로그램이 쓰기 능력 및 태도에 미치는 효과」, 경북대학교 석사학위논문, 2008.

양경희, 「쓰기 교육 내용으로서의 독자 연구」, 한양대학교 박사학위논문, 2012.

연세대학교 한국어학당, 『한국어 중급 I 쓰기』, 연세대학교 출판부, 2008.

윤지원, 「한국어 쓰기 수업에 대한 교사의 어려움과 개선 방안 연구」, 『한국어언어문화학』 10-1호, 국제한국언어문화학회, 2013, 99～129면.

윤지원·전미화, 「학문 목적 한국어 학습자 쓰기의 내용 지식 구성 양상 연구」, 『우리말 글』 58호, 우리말글학회, 2013, 217～243면.

이병승, 「필자의 쓰기 주제에 대한 내용 지식이 쓰기 과정과 성취에 미치는 영향」, 고려대학교 박사학위논문, 2014.

이삼형, 「텍스트 구조 분석 연구-화제 전개를 중심으로-」, 『텍스트언어학』 6호, 한국텍스트언어학회, 1999, 207～228면.

이삼형 외, 『국어교육학』, 소명출판, 2000.

이성영, 「텍스트 조직 능력의 유형에 대한 연구-초등학생을 중심으로-」, 『국어교육』 115호, 한국어교육학회, 2004, 221～247면.

이수행 외, 『이화한국어 6』, 이화여자대학교 출판부, 2012.

이아름, 「한국어 담화통합 쓰기 전략 교육의 효과 연구: 학문 목적 한국어 학습자를 대상으로」, 고려대학교 석사학위논문, 2013.

이완기, 『영어 평가 방법론』, 문진미디어, 2007.

이윤빈, 「담화 종합을 통한 텍스트 구성 양상 연구: 쓰기 과제 표상과 텍스트 구성의 관계를 중심으로」, 연세대학교 박사학위논문, 2013.

이재승, 『글쓰기 교육의 원리와 방법』, 교육과학사, 2002.

이재승, 「작문 이론의 변화와 작문 교육에서의 수용」, 『국어교육』 131호, 한국어교육학회, 2010, 499～521면.

이정연 외, 『이화한국어 5』, 이화여자대학교 출판부, 2012.

이준호, 「대학 수학 목적의 쓰기 교육을 위한 교수요목 설계-보고서쓰기 교육을 중심으로-」, 고려대학교 석사학위논문, 2005.

임수진, 「고급 한국어 쓰기 교육의 해석학적 내용 지식 구성 방안 연구」, 서울대학교 석사학위논문, 2014.

임진선, 「논설문 쓰기 지식과 쓰기 수행의 관계 연구」, 한국교원대학교 석사학위논문, 2011.

임홍빈, 『한국어의 주제와 통사 분석』, 서울대학교 출판부, 2007.

장은경, 「한국어 학문 목적 쓰기 교육 방안 연구: 참고 텍스트의 내용 통합과 재구성을 중심으로」, 고려대학교 석사학위논문, 2009.

장향실 외, 『글쓰기의 기초(외국인 대학생을 위한 사고와 표현 Ⅰ』, 고려대학교 출판부, 2010.

전미화, 「인터넷 정보를 활용한 학문 목적 한국어 쓰기의 내용 지식 구성 방안 연구」, 『시학과 언어학』 26호, 시학과언어학회, 2014, 145～171면.

전미화, 「중국인 유학생의 쓰기에 나타난 내용 조직 양상 연구」, 『외국어로서의 한국어
　　교육』 45호, 2016, 331~356면.

전미화, 「한국어 학습자의 보고서 쓰기를 위한 내용 지식 구성 방안 연구」, 배재대학교
　　석사학위논문, 2012.

전원영, 「쓰기 지식과 쓰기 동기가 고등학생의 쓰기 능력에 미치는 영향, 한국교원대학
　　교 석사학위논문, 2012.

정미경, 「쓰기 지식과 쓰기 수행의 상관성 연구」, 한국교원대학교 석사학위논문, 2009.

정성애, 「내용 생성 협의가 논술문 쓰기에 미치는 효과 : 중학교 2학년 학생을 중심으
　　로」, 고려대학교 석사학위논문, 2006.

조인혜, 「내용 생성과 조직화 전략을 통한 쓰기 지도 방안 연구」, 국민대학교 석사학위
　　논문, 2006.

진대연, 「쓰기 교육의 교수 학습」, 『한국어교육론3』, 한국문화사, 2005, 75~84면.

진대연, 「한국어 쓰기 능력 평가에 대한 연구: 텍스트 생산 능력 평가를 중심으로」, 『국
　　어교육학연구』 19호, 국어교육학회, 2004, 483~512면.

최건아, 「자료 텍스트에 대한 모둠 토의가 글 내용 생성에 미치는 효과 연구」, 고려대
　　학교 박사학위논문, 2013.

최민혜, 「주제에 대한 지식이 글쓰기에 미치는 영향 연구」, 고려대학교 석사학위논문,
　　2009.

최연희, 『영어 쓰기 교육론 원리와 적용』, 한국문화사, 2009.

최연희 외, 『영어 읽기 교육론 원리와 적용』, 한국문화사, 2006.

최은지, 「사회적 구성주의에 기반한 학문 목적 한국어 작문 교육 연구」, 고려대학교 박
　　사학위논문, 2009.

최은지, 「학문 목적 한국어 작문 교육을 위한 내용 지식 지도 방안」, 『한국어 교육』
　　23-4호, 국제한국어교육학회, 2012, 419~440면.

최정순, 「한국어 학습자의 문어 능력 배양을 위한 제언」, 『한어문교육』 23호, 한국언어
　　문화교육학회, 2010, 169~199면.

최정순, 「한국어 표현 교육 연구」, 『이중언어학』 47호, 이중언어학회, 2011, 383~402면.

최정순·윤지원, 「한국어교육 연구 동향 분석」, 『인문연구』 63호, 영남대학교 인문과학
　　연구소, 2011, 53~90면.

최정순·윤지원, 「연구 동향 분석을 통해 본 학문 목적 한국어교육 연구의 실태와 제언」,
　　『어문연구』 74호, 어문연구학회, 2012, 131~156면.

2. 국외 문헌

Anderson, John R., 이영애 역, 『인지심리학과 그 응용』, 이화여자대학교 출판부, 2000.

Bereiter, C. & Scardamalia, M., *The psychology of written composition. Hillsdale*, NJ: Lawrence Erlbaum Associates, 1987.

Bizzell, P., *Academic discourse and critical consciousness*, University of Pitsburgh Press, 1992.

Brown, H. D., 권오량, 김영숙 역, 『원리에 의한 교수』, 피어슨롱맨, 2010.

Faigley L., "Nonacademic writing: The social perspective", In L. Odell & D. Goswami (eds), Writing in nonacademic settings, NY: Guiford, 1985.

Flower, L. & Hayes, J.R., "A Cognitive Process theory of writing", *College Cmposition and Communication*, Vol.32, 1981.

Grabe, W., "Reading and writing relations: second language perspectives on research and practice. In: B. Kroll (Ed.)", *Exploring dynamics of second language writing*, 2003, pp.242-262, Cambridge: Cambridge University Press.

Hillocks, G., Jr., "Synthesis of research on teaching writing", *Educational Leadership*, Vol.44, No.8, 1987, pp.71~82.

Meyer, B. J. F. & Rice, G. E., *The stucture text, in D.P.Pearson(ed.), Handbook of resding research*, New York: longman, 1984.

Shaughnessy, M., *Errors and expectations*, Oxford University Press, 1977.

Spivey, N. N, "Transformimg Texts : Constructive Processes in Reading and Writing", *Written Communication*, Vol.7, 1991, pp.256~287.

Spivey, N.N., 신헌재 외 역, 『구성주의와 읽기·쓰기』, 박이정, 2004.

Silva, T., "Towards an understanding of the distinct nature of L2 writing: The ESL research and its implications", *TESOL Quartely*, Vol.27, 1996, pp.657~676.

Tribble, C., *Writing Language teaching: A scheme for teacher education*. Oxford: Oxford University Press, 1996.

Tribble, C., 김지홍 역, 『옥스포드 언어교육 지침서: 쓰기』, 서울: 법문사, 2003.

Vygotsky, L. S., *Mind in society: The development of higher psychological process*, Cambridge MA: Harvard University Press, 1978.

부록

사전 지식 검사지

※ 본 검사지는 여러분들이 '스마트폰의 사용이 우리에게 미치는 영향'에 관하여 얼마만큼 알고 있는지를 알아보기 위해 만들어졌습니다. 본격적인 쓰기를 위한 사전 준비라고 생각하시고 아는 내용들을 모두 적어주시기 바랍니다.

※ 먼저 아래의 칸에 본인의 정보를 적어주십시오

---

1. 과　정: 대학생(　) / 대학원생: 석사(　) / 박사(　) / 기타(　　　　)

2. 소　속: (　　　　)대학교 (　　　　　)학과 (　　　)학년/학기

3. 성　별: 남(　　) / 여(　　)

4. 국　적: (　　　　　　)

5. 한국어 학습 시작 연도: (　　　　)년/월

6. 한국어능력시험(TOPIK) 급수: (　　)급

※ 다음 페이지에는 '스마트폰의 사용이 우리에게 미치는 영향'에 관해 '알고 있는 것'을 쓰도록 되어 있습니다. '스마트폰의 사용이 우리에게 미치는 영향'에 대해 알고 있는 모든 내용을 적어주시면 됩니다. 쓸

때에는 보기와 같이 문장 단위로 쓰십시오.

스마트폰으로 인터넷 검색을 할 수 있다.
스마트폰의 사용으로 인해 우리의 생활이 아주 편리해졌다.

※ 지금부터 종이를 펼치고 알고 있는 내용을 쓰기 바랍니다.

쓸 때, 칸을 모두 채우지 않아도 되며, 생각나는 순서대로 쓰면 됩니다. 지면이 부족할 경우 뒷장에 쓰십시오.

알고 있는 내용을 다 썼다고 생각되면 제출합니다.

내가 알고 있는 것

내용	비고

※ 다음의 주제로 자신의 생각을 800자 내외로 글을 쓰십시오

현재 우리 사회에는 스마트폰의 사용이 보편화가 되어있습니다. 과학기술 발전의 산물인 스마트폰은 우리의 생활을 편리하게 해주고 있는 반면 요즘에는 스마트폰의 지나친 사용으로 인해 게임중독과 같은 부정적인 현상도 생겨나고 있습니다. 스마트폰의 사용이 우리 사회에 어떤 영향을 끼치고 있는지에 대해 자신의 생각을 쓰십시오.

背景知識調查

※ 本調查卷是調查你対'智能手机給人類的影響'所知道的背景知識。可以作為寫作前的准備過程。請您認真作答。

※ 請填寫个人基本事項。

---

1. 過程: 大学(　　) / 研究生: 碩士(　　) /
   博士(　　) / 其他(　　　　　　)

2. 所属: (　　　　　)大学 (　　　　　　　)專業 (　　　　　)
   年級/学期

3. 性別: 男(　　) / 女(　　)

4. 国籍: (　　　　　　)

5. 開始学習韓国語時間: (　　　　　)年/月

6. 韓国語能力考試(TOPIK): (　　　　)級

※ 下一頁為填寫関于'智能手机給人類的影響'的已知内容知識。請填寫你所知道有関内容。写的時候以句子為単位，請参考以下例句。

用智能手机可以收集材料
有了智能手机, 我们的生活更加方便了.

※　最后一頁是填写'W-自己還想知道的内容'以及'H-用什么方法收集想知道的内容'。写作結束后再填写。

※　請打開下一頁, 開始填写。
請按自己的思路填写, 表格不需要填滿, 表格不够可以利用背面的空間。
写完已知内容可以開始写作。

已知的内容知识

内容	備注

※ 用下面的主题写一篇800字左右的文章。

> 目前，在我們社会智能手机的使用非常普遍。智能手机是科学技術発展的産物，它使我們的生活变得方便而丰富多彩。但是最近智能手机的普及引起了很多負面的現象，比如游戲中毒等。你覚得智能手机对我們社会起了什么様的影響，把自己的想法写一下。

쓰기에서 내용 지식 구성에 관한 인터뷰 자료

1. 쓰기를 할 때 사전 지식이 중요하다고 생각합니까?

2. 쓰기를 할 때, 사전 지식을 떠올리기만 합니까? 아니면 글로 쓰면서 계획을 합니까?

3. 어떤 언어를 사용하여 내용 지식을 생각합니까?

4. 모국어 쓰기와 한국어 쓰기에서 내용 지식을 생각할 때 다른 점이 있다면 무엇이라고 생각합니까?

5. 쓰기 전에 생각한 사전 지식을 쓰기에 어느 정도 활용하였습니까? 쓰면서 다른 내용을 생각하는 경우가 많습니까?

6. 쓰기 전에 생각한 사전 지식을 어떤 방법으로 사용했습니까?

7. 쓰기 전에 생각해 낸 사전 지식들을 쓰기에 모두 사용했습니까? 아니면 어떤 기준에 따라 선별해서 활용했습니까?

8. 쓰기 텍스트의 내용이 충분하다고 생각합니까? 부족하다면 어떤 부분이 부족하다고 생각합니까?

9. 다양한 방법을 사용하여 내용 지식을 보충할 수 있다면 어떤 내용을 추가로 보충하고 싶습니까?

지은이 **전미화**

    중국 길림성 용정시 출생
    2016년 한국 배재대학교 문학박사학위 취득
    2017년~현재 강소해양대학 한국어학과 강사
    국내외 학술논문 발표 18편

한국어 쓰기 내용 지식의 구성 원리와 실제

초판1쇄 인쇄 2020년 11월 2일
초판1쇄 발행 2020년 11월 12일

지 은 이 전미화
펴 낸 이 이대현
펴 낸 곳 도서출판 역락
책임편집 임애정
편　　집 이태곤 권분옥 문선희
디 자 인 안혜진 최선주
마 케 팅 박태훈 안현진

주　　소 서울시 서초구 동광로46길 6-6 문창빌딩 2층(우 06589)
전　　화 02-3409-2060(편집), 2058(영업)
팩　　스 02-3409-2059
전자메일 youkrack@hanmail.net
홈페이지 www.youkrackbooks.com
등록번호 1999년 4월 19일 제303-2002-000014호

정가는 뒤표지에 있습니다.

ISBN 979-11-6244-591-4 93370

* 이 도서의 국립중앙도서관 출판시도서목록(CIP)은 서지정보유통지원시스템 홈페이지(http://seoji.nl.go.kr)와
  국가자료공동목록시스템(http://www.nl.go.kr/kolisnet)에서 이용하실 수 있습니다.(CIP제어번호: CIP2020044739)